Eckhard Bodenstein

Falske venner & Co.

Wörterbuch der dänisch-deutschen Missverständnisse

Husum

Umschlagfoto: © shockfactor.de - Fotolia.com

Bibliografische Information der Deutschen Nationalbibliothek

Die Deutsche Nationalbibliothek verzeichnet diese Publikation in der Deutschen Nationalbibliografie; detaillierte bibliografische Daten sind im Internet über http://dnb.dnb.de abrufbar.

Dr. Eckhard Bodenstein, Autor von Fachbüchern und Lexika, war Leiter einer Privatschule in Kopenhagen und danach als Akademischer Direktor an der Universität Flensburg tätig.
Im Husum Verlag erschienen von ihm „Mörderisches Flensburg" (1997), „Verliebt in Flensburg" (1998) und „Kleines Flensburg-ABC" (2017).
Im Eichborn Verlag kam die hochschulkritische Satire „Das Ernie-Prinzip" (1999) heraus.
Der Autor lebt in Dänemark.

3., erweiterte Auflage 2018

Gesamtherstellung: Husum Druck- und Verlagsgesellschaft
Postfach 1480, D-25804 Husum – www.verlagsgruppe.de

ISBN 978-3-89876-744-6

Vorwort

Was sind falsche Freunde, falske venner, faux cousins, false friends oder falsos amigos? Es sind Scheinentsprechungen vor allem zwischen benachbarten und/oder verwandten Sprachen: Deutsch – Niederländisch, Englisch – Französisch, Dänisch – Schwedisch oder eben auch Dänisch – Deutsch, und falsch bekommt hier die Bedeutungsnuance: hinterhältig und ein bisschen gemein, weil ich als Sprachlerner auf eine falsche Fährte geführt werde. Das vorliegende Buch ist ein Beitrag zur kontrastiven und kontrastierenden angewandten Linguistik und gleichzeitig eine praktische dänisch-deutsche „Lebenshilfe“. Sprachliche Neugier / *sproglig opmærksomhed* und das Hinwenden zum Nachbarn sind die Hauptmotive für die Publikation, die in systematisierter Form – ohne Anspruch auf Vollständigkeit – dänisch-deutsches Neuland betritt. Über eine Reihe von Jahren habe ich bei meiner Arbeit und den wechselnden Wohnsitzen in Dänemark und Deutschland diese Stoffsammlung angelegt. Ich habe von vielen Seiten wertvolle Ergänzungen und Hinweise erhalten. Dennoch gilt: *Sprog bliver man aldrig færdig med.* Und das ist das Spannende und Bereichernde an jeder sprachlich-interkulturellen Kommunikation. Der Stoff ist unterhaltsam und gleichzeitig informativ aufgearbeitet, und wenn die Horizonterweiterung von einem Lächeln begleitet wird, so ist das durchaus beabsichtigt. An einigen Stellen ist der Benutzer aufgefordert, seinen (sprachlichen) Nachbarn zu fragen oder Lexika zu konsultieren.
Die Zielgruppe besteht aus allen Personen, die deutsch-dänische und dänisch-deutsche „Grenzgänger“ sind und die Beschäftigung mit der Nachbarsprache als praktisch und nützlich und als kulturelle Bereicherung ansehen. So wendet sich dieses Buch an Pendler, Studierende, Geschichts- und Sprachinteressierte, dänische Deutschlehrer, deutsche Dänischlehrer, Journalisten, Ausgewanderte, Eingewanderte, Kultur- und Sprachvermittler, Touristen sowie an alle Sprach- und Kulturinteressierten in Dänemark und in Deutschland. Nennen möchte ich in Dankbarkeit insbesondere meine sprachlichen Sparrings-Partner Sieglind und Steen Dueholm, Kopenhagen, Ellen und Jochen vom Braucke, Helsingør, Poul Henning Jensen, Frøslev, provst em. Søren Ruager, Kollund, und Peter Hansen, den Leiter des Regionskontors in Padborg, mit seinen tüchtigen und kompetenten Mitarbeitern, denen ich viele Hinweise verdanke. Mein Dank gilt last, but not least Herrn Ingwert Paulsen, Husum Verlag, der wie schon bei einigen meiner früheren Buchveröffentlichungen entscheidend zum Gelingen dieses Projekts beigetragen hat.

Lange Einleitung

Deutsch und Dänisch sind verwandte Sprachen, was sich besonders in der Lexik zeigt: ein Stuhl *en stol*, ein Haus *et hus*, finden *at finde*, begreifen *at begribe*. Hinzu kommen die zahllosen Wörter lateinisch-französischen Ursprungs, die man in der Regel parallelisieren kann: *at organisere, at mobilisere, at limitere, at initiere, at motivere* usw.

Die Beherrschung der Lexik ist aber nur ein Teil des Spracherwerbs; semantisch komplizierter wird der Gebrauch der Lexik in grammatischen, syntaktischen und idiomatischen Zusammenhängen. Und hier unterscheiden sich Deutsch und Dänisch markant. Während Deutsch eher eine grammatikalisch ausdifferenzierte Sprache ist – man denke nur an das Kasus-System –, ist Dänisch eine stärker idiomatisch angelegte Sprache, in der die relative Formenarmut durch kontextbestimmte Idiomatik aufgewogen wird, wobei neben der Aussprache die Präpositionen für Deutsche eine besondere Schwierigkeit darstellen. Ähnliche Strukturmerkmale wie Dänisch weist z. B. Englisch auf, wohingegen Französisch strukturell dem Deutschen näher steht.

Ausgewählt wurden überwiegend Wörter und Wendungen, die aufgrund ihrer lexikalischen Verwandtheit zu Verwunderung und zu Missverständnissen führen können. Gleichzeitig wird hier ein Einblick in dänischen Humor, in die dänische Geschichte und Gesellschaft und in die Kreativität der dänischen Sprache vermittelt, also eine neuartige, vertiefende, nachbarschaftliche Kulturkunde der besonderen Art.

Mit einem dänischen Freund besuchte ich einmal den Marine-Stützpunkt Mürwik in Flensburg, und dort stellte er die Frage: „Wie viele Fahrzeuge hat die Marine in Flensburg?" Mit der Antwort kam er überhaupt nicht zurecht, denn er hatte nicht Fahrzeuge sondern *fartøjer*, also Schiffe, gemeint. Er war in die semantische „Verwandtschaftsfalle" gegangen. Mit seiner Frau war er später in einem Restaurant zum Essen. Die beiden Dänen lobten die Dithmarscher Kohlsuppe und hatten Fragen zur Zubereitung. Daraufhin bot die Dänisch sprechende Wirtin ihnen *en recept* an. Sie erntete fragende, leicht pikierte Blicke, denn sie hätte sagen sollen *en opskrift*, die dänische Bezeichnung für ein Kochrezept.

Verwendet man den Begriff *ballast* nicht in seiner maritimen Grundbedeutung, wird ein Deutscher ihn als etwas Negatives, ein Däne dagegen häufig als etwas Positives auffassen.

„Vi slår en handel af, begge to. Forstår du, hvad jeg mener?" Ja, natürlich, glaubt der deutsche Gesprächspartner: Wir können beide nicht handelseinig werden. Aber hier irrt er ganz gewaltig ...

An der deutsch-dänischen Schule in Kopenhagen sagte der Schulleiter zum Entsetzen einer neuen Kollegin aus Deutschland: „*Vi bliver simpelthen nødt til at slå de to syvende klasser sammen straks efter sommerferien.*" Die beiden Klassen zusammenschlagen??? Nein, natürlich nicht!

Kære danske læser:
På den måde kan man blive ved. Derfor henvender bogen sig også til dig: læs og brug den til at dykke ned i det tyske sprogs hemmeligheder ved at gå på opdagelse i nabolandets sprog og kultur – helst udenom de mange, mange semantiske faldgruber. At vi en gang imellem taler forbi hinanden, gælder begge veje. Slå fx. op under stikordene et diplom, et ramaskrig, fiks og færdig, en dragt eller lille fru Jensen, og du vil opdage, at der måske er et stykke vej tilbage mht. at beherske det tyske nabosprog til fulde. Og det spændende er jo: sprog bliver man aldrig færdig med.

Das Buch ist mit seinen mehr als 2000 Stichwörtern und Verweisen von A bis Å ein kontrastives, kontrastierendes Nachschlagewerk. Nicht berücksichtigt wird – von wenigen Ausnahmen abgesehen – die Aussprache. Ein Beispiel für den *stød* finden Sie unter → *hans, Hans*. Oder lassen Sie sich von einem native speaker (möglichst von der Insel Sjælland) einmal die Varianten der e- und a-Laute erklären, und fangen Sie an mit:
Én læge og tre lærere går i lære hos trætte snedker Espersen fra Ærø, der bor alene i Nældegade 61, hvor han har et pæretræ og tretten æbletræer i sin egen have.
Dänisch, wie es nicht im Wörterbuch steht! Zwar gehört Dänisch zu den germanischen Sprachen und hat in mehreren Wellen (Hansezeit sowie 18. u. 19. Jahrhundert) einen bedeutenden Teil seines Wortschatzes dem Nieder- und Hochdeutschen entlehnt, dennoch können sich Deutsche und Dänen gründlich missverstehen.
Viele von Ihnen, liebe Leser, haben mit Erfolg Anfänger- und Fortgeschrittenenkurse Dänisch absolviert. Jetzt geht es darum, einen Blick in die Sprachseele unserer Nachbarn zu tun: Wie kommunizieren sie miteinander? Was macht die dänische Identität aus? Was ist dänischer Humor und Sprachwitz?
Die Dänen haben ein besonderes Verhältnis zu ihrer Sprache, nämlich was man sagen darf und was nicht. Einprägsame, bildhaft-plastische, oft auch komische oder ironische Ausdrücke sind populär und werden z. B. von Nachrichtensprechern und Journalisten – anders als in Deutschland – gern gebraucht: *hentehår, knippelsuppe, altmuligmand, ballade, dollargrin, genstand, kavalergang, jydekrog, lilla ble, tømmermænd, fodformede meninger* und viele, viele mehr. Sogar Königin Margrethe II sagte am 10. Oktober

2007 im dänischen Fernsehen über ihren grippeerkrankten Mann: „*Han har det skidt!*“ – wörtlich: „Es geht ihm beschissen!“
Aber auf Dänisch darf man das eben so sagen, sogar als Königin. Es klingt nicht so hart und kategorisch-verletzend wie „beschissen“ im Deutschen. *Han laver ikke en skid*, bedeutet nur, dass er einfach gar nichts macht. *Skidt med det!* heißt meist: Das ist doch egal! Das ist nicht so wichtig! Oder nehmen Sie eine Verlängerungsschnur und fragen Sie einen Dänen, was *et hanstik* und was *et hunstik* ist. Und *Bonderøven* (wörtlich: der „Bauernarsch“) ist die durch und durch sympathische Titelfigur einer beliebten dänischen Naturserie. Ein Vergleich von Plattdeutsch und Hochdeutsch drängt sich als Parallele hierzu auf.
Aber Vorsicht: Auch im Dänischen darf man nicht immer alles zu allen sagen. Sogar mit dem allgemeinen „Du“ sollte man als Ausländer zurückhaltend sein, denn was in einem Dorf in Jütland gilt, muss unter älteren Menschen nördlich von Kopenhagen nicht immer gelten.
Es ist hoffentlich gelungen, eine unterhaltsame, informative dänisch-deutsche Sprach- und Kulturkunde vorzulegen. Dänen und Deutsche sind eingeladen, herauszufinden, ob der dänische *vindbøjtel* dem deutschen Windbeutel entspricht oder wie viele Menschen in Hellerup tatsächlich noch „De“ zueinander sagen. Gehen Sie auf sprachlich-kulturelle Entdeckungsreisen in Ihrem Nachbarland. Erweitern Sie nicht nur Ihren Wortschatz, hier gewinnen Sie auch neue, überraschende Einsichten.

Wer Lust auf Wörtersurfen hat, dem sei empfohlen:
www.ordnet.dk
www.dsu.dk
www.omatskrive.dk

Im Anhang wird u. a. auf dänisch-englische, dänisch-lateinische oder dänisch-deutsche und südschleswigsche Sprachkontakte eingegangen. Auch hier gilt der *indfaldsvinkel* der Kontrastivität: Wo man z. B. meint, eine Homepage oder ein Countdown müssten doch auch gängige Bezeichnungen in Dänemark sein, wird man Überraschendes feststellen. Den Abschluss bildet ein Hinweis auf die dänische Nationalikone N. F. S. Grundtvig.

Autor und Verlag wünschen viel Spaß auf dieser grenzüberschreitenden Entdeckungsreise!

Wörterbuch der dänisch-deutschen Missverständnisse

en abe — ein Affe; *abeskønt* wunderschön. *Hvem har aben?* Wer hat nun den Schwarzen Peter?

abstinenser — *(Plural)* bei erzwungener oder gewollter Enthaltsamkeit: Entzugserscheinungen (Alkohol, Drogen, Fernsehserien). Die dänische Abstinenzbewegung (Alkohol) heißt übrigens *afholdsbevægelse.* → *(en kold) tyrker.*

adræt — sportlich, beweglich, geschmeidig, u. a. als Voraussetzung für sportliche Aktivitäten. Das deutsche adrett ist eher *pæn, nydelig, soigneret, tækkelig.*

affære — 1. eine Affäre; 2. in der Wendung *Han tager affære* bedeutet es, dass jemand sich um eine Sache kümmert und handelt.

at afhøre; en afhøring — jemanden vernehmen; eine Vernehmung. Das Abhören, etwa durch Geheimdienste, ist *aflytning, at aflytte.* → *at overhøre, en overhøring;* → *at forhøre sig;* → *et forhør;* → *en høring.*

afsagt — verkündet, z. B. ein Urteil; eine abgesagte Veranstaltung ist dagegen *aflyst.* → *afsigelse.*

afsigelse: en (doms)afsigelse — ist ein Richterspruch, eine Urteilsverkündung; eine Absage bei einem Termin ist *(at melde) afbud;* bei einer Bewerbung ist es *et afslag.*

at afskedige — (aus einem Arbeitsverhältnis) entlassen; jemanden verabschieden wäre *at sige farvel til …*, sich verabschieden: *at sige farvel til hinanden, at tage afsked med hinanden.*

afslappet — ist nur entspannt, locker.

afstand

nicht immer Abstand, sondern meist Entfernung, was auch *distance* heißen kann. Abstand ist im Dänischen *mellemrum, interval;* etwas (oder jemanden) fernhalten *at holde noget (eller nogen) på afstand.*

en akademiker

Dänische Universitätsabsolventen sind irgendwie standesbewusster als ihre deutschen Kollegen. So wird ein dänischer Studienrat oder Arzt oder Hochschuldozent sich immer als *akademiker* bezeichnen; er ist nicht in derselben Gewerkschaft wie die *folkeskolelærere*, sondern in einer Gewerkschaft nur für Akademiker organisiert. Übrigens wird auch *en forsker, jeg som forsker* (ein Forscher, ich als Forscher / ich, der ich ... erforsche) im Dänischen selbstbewusst und deutlich häufiger als im Deutschen verwendet.

en akkord

ist zunächst wie im Deutschen ein musikalischer Begriff sowie ein Lohn im Verhältnis zur konkret geleisteten Arbeit. Daneben kann *akkord* – abweichend vom Deutschen – eine pauschale Vereinbarung zur Arbeitszeit sein. → *et årsværk.*

alderdom

ist nicht das klassische Altertum, sondern der letzte Lebensabschnitt eines Menschen. → *oldtid.*

alfa – omega

Det er alfa-omega. Das ist das A und O.

allé, alle

eine Allee. Sie wundern sich über die Schreibweisen? Sie sind beide korrekt – wenn auch „falsch“, wenn man sich auf den französischen Ursprung bezieht. → *ide;* → *entré.* → *Französisch,* S. 120 ff.

en altmuligmand

in gewisser Weise ein Mann, der zu allem fähig ist; gemeint ist ein Helfer oder Mitarbeiter, der praktisch veranlagt ist, handwerkliches Geschick hat und vielseitig einsetzbar ist.

en ampel

ist eine an einer Schnur oder Kette aufgehängte Lampen- oder Blumenschale; die deutsche Verkehrsampel ist *en lyskurv*.

et amt

Am 01.01.2007 trat eine Kommunalreform in Kraft, die in Dänemark die Kreise (*amter*) abschaffte. Bis dahin gab es z. B. noch *Sønderjyllands amt*, also den (Groß-)Kreis Nordschleswig. Ein Amt im Sinne einer Stellung oder Funktion: *et embede*. → *en kreds*; → *en cirkel*.

en andedam

ein Ententeich, womit Kleinkariertheit und Filz im eigenen kleinen Königreich gemeint sind. → *en dam*.

andels-

kommt in zahlreichen Zusammensetzungen vor: *andelsmejeri*, *andelsboliger* oder *andelsbanken*. Es verweist darauf, dass es sich dabei um ein genossenschaftlich geführtes Unternehmen handelt. → *Grundtvig*, S. 135.

at anholde; en anholdelse

jemanden stoppen, um ihn zu verhaften. *Du er anholdt!* ist also eine ernste Sache; anhalten (transitiv und intransitiv) ist *at standse*, *at stoppe*.

et anker

1. ein Anker; 2. Teil einer Ankerwicklung (*el.*); 3. ein größerer Behälter z. B. für Wein: *et anker vin* oder für Bier: *et ølanker*; *en ankermand* hat nichts Maritimes an sich, denn es bezeichnet die aktive, zuverlässige Hauptperson einer Gruppe. → *en tovholder*.

et anlægsprojekt

kein Börsenjob, sondern ein größeres Bauvorhaben, z. B. der Bau einer Brücke oder einer Hafenanlage; *anlægsarbejder* sind große Tief- und Hochbauvorhaben, und *en anlægsgartner* ist ein Landschaftsgärtner.

at anmelde

1. Anzeige bei der Polizei erstatten oder z. B. einen Versicherungsschaden melden; 2. eine Buch-, Theater- oder Filmkritik (Zeitung, Radio, TV) verfassen. → *en anmeldelse*.

en anmeldelse

1. eine Besprechung, eine Rezension: *Bogen fik fantastiske anmeldelser i pressen.* In der Presse wurde das Buch sehr lobend besprochen. 2. eine Anzeige (Polizei, Versicherung). → *at anmelde.*

en anretning

da hat – wörtlich genommen – jemand etwas angerichtet: *anretning* ist eine sehr dänische Art der Zubereitung und Zusammenstellung von Speisen, wobei das Auge mitisst. In einem Restaurant sollte man den Ober (→ *en tjener)* bitten, einem die *anretning* des Hauses zu erklären. → *et stykke smørrebrød;* → *en smørrebrødsfomfru.*

et ansigt

ein Gesicht; Ansichten sind *opfattelser* oder *meninger; en ansigtsløftning* eine Verschönerungsaktion. *Det gamle slumkvarter trænger til en ansigtsløftning.* Der alte Problemstadtteil kann eine Aufwertung gut gebrauchen. Eine Ansichtskarte *et postkort.*

aparte

nicht apart, d. h. von besonderer Schönheit, sondern im etymologischen Sinne *à part*: ausgegrenzt, nicht dazugehörig, anders aussehend. Berühmter Satz in H. C. Andersens "Den grimme ælling": "Du er så aparte, derfor skal du kanøfles." Du bist so anders, deshalb werden wir dich mobben. → *smart.*

en appel

1. ein Appell; 2. *jur.* Berufung. → *at appellere.*

at appellere

1. appellieren; 2. anziehend wirken: *Musikken appellerer til et ældre publikum.* Die Musik wendet sich an ein älteres Publikum. 3. *jur.* Berufung einlegen bei einem *appeldomstol.* → *appel.*

appelsinfri

es ist ein Rätsel, warum *ikke helt appelsinfri* (scherzhaft) leicht betrunken bedeutet.

at arkivere lodret

eigentlich: senkrecht archivieren; ironischer Ausdruck für das Ignorieren und Wegwerfen von Papieren, z. B. von Schreiben von einer Behörde: man hält das Schriftstück mit zwei Fingern über einen Papierkorb und lässt es da – *lodret* – hineinfallen.

arm arm im Sinne von bedauernswert: *Den arme mand!* Arm im Sinne von Geldknappheit ist *fattig*.

en arm *armen* – der Arm – kommt ähnlich wie → *pap* in besonders vielen bildlichen Zusammenhängen vor, die nicht einfach zu verstehen sind: *Vi giver den hele armen*. Jetzt legen wir richtig los, jetzt powern wir. *Det tager vi i stiv arm*. Das ficht uns nicht an, da bleiben wir ganz gelassen. *Han kører som en brækket arm*. Er fährt viel zu riskant / waghalsig. → *armbevægelser;* → *armbøjninger;* → *armlægning*.

armbevægelser keine Gymnastik: *En filmfestival uden (de) store armbevægelser*. Ein Filmfestival, das eigentlich nichts Besonderes zu bieten hatte. *Han er manden der holder af de store armbevægelser*. Er nimmt normalerweise den Mund ziemlich voll. → *armbøjninger;* → *armlægning;* → *en arm*.

armbøjninger die berüchtigten Liegestütze, obwohl *armbøjninger* an sich ganz harmlos klingt. → *armbevægelser;* → *en arm*.

armlægning, at lægge arm eigentlich das besonders in Bayern populäre Armdrücken; im übertragenen Sinne bedeutet *armlægning*, es mit jemandem auf eine Kraftprobe ankommen zu lassen: *Klubben er klar til at lægge arm med verdenseliten*. Der Verein ist bereit, die Weltelite herauszufordern. → *armbevægelser;* → *armbøjninger;* → *en arm*.

et arrangement 1. eine Veranstaltung, z. B. ein Auftritt, ein Konzert oder eine Diskussion; 2. in der Musik (z. B. bei einem vierstimmigen Chorsatz) spricht man ebenfalls von *et arrangement*. Eine dänische → *foranstaltning* ist dagegen etwas anderes.

en attest

ein ärztliches Attest, z. B. bei einer Krankmeldung ist *en lægeerklæring*; *attest* kommt ansonsten in vielen Zusammensetzungen vor: *dåbsattest* Taufschein, *dødsattest* Totenschein, *vielsesattest* Heiratsurkunde, *registreringsattest* Fahrzeugschein.

en auditør

kein Zuhörer (= *en tilhører, en lytter*), sondern eher jemand, der strenge Fragen stellt: es ist der Leiter einer offiziellen, meist militärischen Untersuchungskommission.

en autograf

ist kein Autograf, denn das wäre – laut Duden – das eigenhändig von einer bekannten Person geschriebene Schriftstück, z. B. ein Brief Goethes; *en autograf* ist ein Autogramm, hinter dem *en autografjæger* her ist.

en avance

ist die Gewinnspanne beim Verkauf; deutsche Avancen gegenüber einer Dame sind *tilnærmelser*.

en bagmand

jemand, der hinter etwas steckt und die Fäden zieht und der meist als Wirtschaftskrimineller betrachtet wird; *bagmandspolitiet* ist die Polizeiabteilung zur Bekämpfung von Wirtschaftskriminalität.

en bajer

umgangssprachlich für eine Flasche oder Dose Bier, auch *håndbajer* genannt. Eine Kulturministerin wurde einmal mit dem Ausspruch zitiert: *"Morgenbajer er også kultur."* Aus Bayern stammend ist *bajersk*, und ein Bayer ist *en bajrer*.

at bakke

(mit dem Auto) zurücksetzen; der Rückwärtsgang ist entsprechend *et bakgear;* das deutsche Backen ist at *bage*.

en bakke

1. ein Tablett; 2. ein Hügel. *Et bakket landskab* ist hügelig und nicht etwa → *hyggelig*. *Det går op ad bakke*. Es geht aufwärts, es geht voran. Backe → *kind*.

en balancegang im Deutschen geht's in die Höhe: eine Gratwanderung.

at balancere 1. balancieren; 2. ausgewogen sein; *balanceret* ausgewogen, z. B. *en balanceret politik, et balanceret regnskab*.

ballade Krach, Streit, Auseinandersetzungen, Handgreiflichkeiten. Es gibt *ballade med politiet* z. B. in einem Fußballstadion oder *politisk ballade* im Parlament. Ein klassisches episches Gedicht kann *en ballade* allerdings auch sein.

ballast im maritimen Bereich: Ballast, aber im übertragenen Sinne im Dänischen oft kein Klotz am Bein, sondern positiv. *Skolen har givet mig en fantastisk ballast* = solides Wissen, gutes Benehmen usw.

en bane 1. eine Bahn, z. B. *jernbane* Eisenbahn; 2. ein (Sport)Platz: *tennisbane, golfbane, fodboldbane;* im Straßenverkehr: eine Spur, z. B. *en svingbane* eine Abbiegespur (rechts: *højresving*, links: *venstresving*). → *at svinge*.

bank 1. eine Bank (Geldinstitut); 2. Prügel, Schläge; *at få bank* verprügelt werden, Prügel kriegen. Eine Garten- oder Parkbank ist *en bænk*. → *bænkevarmer*. *at banke* schlagen, besiegen (im Sport); *at banke et tæppe* einen Teppich ausklopfen; *at banke på døren* anklopfen.

at barbere (sig) 1. *at barbere sig* sich rasieren; 2. *at barbere noget* alles Überflüssige entfernen, z. B. *Byrådet har besluttet at barbere alle udgiftsposter.* Der Stadtrat hat beschlossen, alle Ausgaben stark zu kürzen; *barbermaskine* Rasierapparat. → *at rasere*.

barnemad *Det er jo det rene barnemad!* Keine Babynahrung, sondern: Das ist ja ein Kinderspiel!

barok 1. auf das Zeitalter des Barock bezogen; 2. in seiner ironischen Verwendung bedeutet es: skurril, seltsam, übertrieben, kurios: *en barok tanke*. → *oldnordisk*.

en bedemand ein Bestatter, der nicht unbedingt ein frommer Mann zu sein braucht, denn *at bede* bedeutet neben beten auch bitten, auffordern, und historisch ist der *bedemand* von dieser letzten Bedeutung abgeleitet.

en bedrift 1. eine bemerkenswerte Leistung, z. B. der Erste auf dem Mount Everest, Erfindung des Penicillins, mit dem Fahrrad um die Welt usw. Oft genügt allerdings auch schon weniger, um *en bedrift* genannt zu werden. 2. ein Betrieb. → *en virksomhed*; → *en drift*.

at begå 1. begehen (Fehler, Verbrechen, Dummheit); 2. etwas Großes leisten.

at bekomme Dieses eher selten verwendete Verb bedeutet jedenfalls nicht bekommen im Sinne von kriegen, erhalten.

bekymret besorgt; jemand, der sich (große) Sorgen macht. Bekümmert ist eher *trist, mut, modløs, nedslået*. → *bekymringer*; → *sorg*.

bekymringer Sorgen. → *sorg*.

ben Neben Bein kann es wie im Deutschen (Eisbein, Schlüsselbein) auch die meist ältere Bedeutung Knochen oder Gräten haben: *fisk uden ben* ist demnach Fisch(filet) ohne Gräten, und wenn jemand *ben i næsen* hat, so ist er durchsetzungsfähig bis zur Rücksichtslosigkeit; *ben* bedeutet darüber hinaus auch Pfründe und Vergünstigungen z. B. für Politiker. Fragen Sie einen Dänen nach weiteren Bedeutungen. → *benløse fugle*.

benløse fugle

Rouladen; eigentlich: Vögel ohne Knochen. Entsprechend ist *fisk uden ben* Fisch(filet) ohne Gräten. → *ben*; → *roulade*.

benzinforbrug

ist natürlich der Benzinverbrauch z. B. eines Autos. Der wird allerdings in Dänemark anders berechnet als in Deutschland. In Dänemark heißt es: *"Hvor langt kører den på literen?"* Wie viele Kilometer fährt das Fahrzeug mit einem Liter Benzin? Wenn die Antwort lautet: 20 Kilometer, verbraucht das Fahrzeug also 5 Liter auf 100 Kilometer, bei z. B. *17,3 km på literen* wird es dann schon schwieriger für einen Deutschen – ohne Taschenrechner. → *m²*.

besat; at besætte

1. besetzt; 2. besessen: *Han skriger som besat.* Er schreit wie besessen. – Bei Fragen nach freien Plätzen z. B. sollte man – wegen der Erinnerung an 1940–45 – *besat* („besetzt") vermeiden. „Ist dieser Platz besetzt?" sollten Sie mit *Er denne plads ledig? Er denne stol optaget?* übersetzen. Auch die Toilette ist eher *optaget* als *besat*. → *ledig*.

at besigtige

etwas anschauen und einer fachlichen Bewertung unterziehen: *Sammen med arkitekten besigtigede de det nye hus.* Berühmte Bauwerke, z. B. das Schloss Kronborg, werden nicht „besichtigt", sondern es heißt einfach nur: *Vi skal se Kronborg slot.*

bestik: at tage bestik

beim Brunchen vielleicht etwas vom Besteck mitnehmen? Nein: *at tage bestik af noget* bedeutet: sich auf etwas einstellen. *Vi tog bestik af vejret.* Wir haben uns auf die Wetterverhältnisse eingestellt.

en bestilling

1. eine Bestellung (Waren, Speisen); 2. eine Tätigkeit: *Han blev sat fra bestillingen.* Er wurde von seinem Posten entfernt.

besøgelsestid

Han kender sin besøgelsestid. Er hat ein feines Gespür dafür, wann etwas zu tun oder zu lassen ist.

Brauchst du einen Termin beim Arzt, *så bestiller du tid hos lægen;* von *besøgelsestid* kann man da nicht sprechen. Ebenso würde *termin* völlig missverstanden werden. → *termin;* → *konsultation;* → *træffetid.*

at betakke sig

eigentlich sich bedanken, aber die Dänen werden Sie verwundert und vielleicht verärgert anschauen, wenn Sie bei einem Geschenk oder einer Einladung sagen *"Jeg betakker mig"*, denn wie im Deutschen ist dies nur die ironische Form einer Ablehnung. Wenn Sie sich also richtig bedanken wollen, sagen Sie einfach: *"Jeg siger mange tak for gaven / invitationen / opmærksomheden."* → *tak.*

en betjent

ein Polizeibeamter; ein Bediensteter ist eher *en ansat, en medarbejder.*

en betænkning

ein Gutachten, eine juristische Empfehlung (z. B. bei Beratungen im Parlament oder in allen möglichen Gremien). Dennoch heißt Bedenkzeit auf Dänisch *betænkningstid.*

et bevis

1. ein Beweis; 2. eine Urkunde, ein Zeugnis: *et eksamensbevis;* die Beweislast *bevisbyrden.* → *et diplom.*

at bide i græsset

Ins Gras beißen? Nicht ganz, denn im Dänischen ist es „nur" das Einstecken einer empfindlichen Niederlage. Und im Deutschen? Das müssen die Dänen ihre deutschen Nachbarn fragen.

et bidrag

ein Beitrag, z. B. zur Diskussion, etwa wie → *indlæg* oder → *indslag; (underholdnings)bidrag* sind Alimente. (Vereins-)Beitrag → *kontingent.*

et bildæk

kein Plaid für die Rückbank, sondern ein Autoreifen. Es kann auch das Autodeck auf einer der vielen dänischen Fähren sein. → *et dæk;* → *et dækhotel;* → *en slange;* → *et tæppe.*

at binde 1. binden; 2. klemmen (z. B. eine Tür).

BIO kein Reformhaus, sondern ein Kino, Abkürzung von *biograf,* oft umgangssprachlich *biffen* genannt. → *helsekost.*

birkes Eigentlich heißt Mohn *valmuefrø* (*valmuer* Mohn, *frø* Samen). Auf dem Brötchen oder dem Brot wird *valmuefrø* zu *birkes*. Alles klar?

en bjørnetjeneste ein Bärendienst. So weit, so gut. Nun gehört der *bjørnetjeneste* zu den sog. *pendulord* (S. 126) in DK: In der Tendenz – ein wenig abhängig vom Bildungsniveau – verstehen die Über-35-Jährigen darunter eine Hilfeleistung, die zwar gut gemeint ist, aber schadet. Die jüngeren Dänen verstehen unter dem *bjørnetjeneste* genau das Gegenteil: einen ganz lieben Freundschaftsdienst – wohl inspiriert durch Kuscheltiere, Teddybären, *bamse og kylling* im Fernsehen oder niedliche Eisbären.

blik 1. Blick; *blikfang*; 2. Blech; *en blikdåse*; ein Klempner *en blikkenslager*; *blikstille* = vollkommen ruhige Wasseroberfläche; → *havblik.*

at blinke bedeutetet zunächst funkeln (Juwelen, Sterne, Leuchtfeuer); dann ist es noch blinzeln und zwinkern; *blinklys* ist der Blinker im Auto. In der Wendung *uden at blinke* hat es dann allerdings die Beutung: sofort und ohne einen Augenblick zu zögern, manchmal auch: ohne Hemmungen und ohne mit der Wimper zu zucken.

en blonde keine Blondine, sondern eine Handarbeit: eine Spitze, ein gehäkelter Saum o. Ä., auch an Kleidern des New Look der 1950er-Jahre. *"Der skal være en blonde"* hat ebenfalls nichts mit Blondinen zu tun, denn es bedeutet „Alles hat seine Grenzen". Aber: ein blondes Mädchen *en blond* oder *en lyshåret pige.*

det blæser — Es pustet nicht ein bisschen, sondern der Wind ist schon recht kräftig.

blød — Alle kennen: *Rabatten er blød.* Der Straßenrand ist weich; *bløde kinder* sind weiche Wangen (Backen). Dem deutschen Wort blöde kommt man am Nächsten, wenn man z. B. sagt: *Han er blød i bolden.* Er hat eine weiche Birne.

bodegamuskler — eine Bierwampe. → *muskelhund.*

bogladen — → *laden.*

en bogorm — ein Bücherwurm; bei Jugendlichen wird eher von *en læsehest,* einer Leseratte, gesprochen.

bolig – boglig — *en bolig* eine Wohnung, aber: *boglige / ikke boglige elever* sind mehr theoretisch bzw. eher praktisch veranlagte Schüler (abgeleitet von *bog* Buch)*; bolig – boglig:* Wenn Sie den Ausspracheunterschied beherrschen: Glückwunsch!

boligsikring — kein spezieller Schutz gegen Wohnungseinbrüche, sondern Wohngeld für sozial Schwache.

en bom — verwandt mit „Baum“: *et træ; bomstærk* nennt man eine sehr starke Person; heutige Bedeutung: Schlagbaum, Eisenbahnschranke sowie eine solide, bewegliche Absperrung. → *en skranke.*

en brandmand — 1. ein Feuerwehrmann; 2. eine Feuerqualle. → *en vandmand.*

brav — entspricht nicht ganz dem deutschen brav und artig; in *en brav kamp* bedeutet es z. B. ausdauernd und tapfer.

bred: at gå over sine bredder en bred — ist ein Ufer. Der Fluss ist also über seine Ufer getreten. Bretter sind *brædder,* und die Bretter, die die Welt bedeuten (= Theater), sind im Dänischen *de skrå brædder,* die „schrägen“ Bretter.

bro Brücke, aber → *stenbro.*

broderparten der Löwenanteil, eigentlich der Anteil des Bruders.

at bruge brauchen im Sinne von benötigen ist *at have brug for: Det har jeg ikke brug for.* Das brauche ich nicht. – *Skal jeg hjælpe dig? Nej, det behøver du ikke.* Soll ich dir helfen? Nein, das brauchst du nicht; *at bruge* im Sinne von benutzen, verwenden: *Det bruger vi ikke på dansk.* So etwas sagen wir nicht im Dänischen. *Bruger du sukker i kaffen?* Trinkst du den Kaffee mit Zucker? → *at tage.*

at bryde (durch)brechen (Betonung auf dem ersten e); (durch)brechen mit Betonung auf dem u: → *knække*; ringen: *en brydekamp* ein Ringkampf; eine Zeit des Umbruchs ist *en brydningstid.*

at bugsere 1. abschleppen, z. B. eines Autos; 2. bugsieren.

buksevand eigentlich Hosenwasser, aber es hat nichts mit Inkontinenz zu tun; *buksevand* war eine recht rüde Form von Mobbing unter Schuljungen.

bumser sind nichts Anzügliches. Es sind Pickel.

bundesligahår Bundesligahaare: Vokuhila = vorne kurz, hinten lang. Vorbild: der deutsche Kapitän Rudi Völler, als Dänemark im Juni 1992 triumphal ausgerechnet gegen Deutschland die bis heute unvergessene Fußball-Europameisterschaft gewann.

bundgarn Stellnetze der Küstenfischer. → *garn.*

en butik ein Geschäft, ein ganz gewöhnlicher Laden. Die deutsche Boutique ist eher *en modebutik; en gesjæft* ist die ironische Bezeichnung für einen Laden oder eine Tätigkeit. → *laden.*

butterfly ist nicht nur Schwimmen (im Schmetterlingsstil), sondern auch eine Fliege (Krawatte).

en bydreng — ist nicht unbedingt ein Sohn der Stadt, sondern ein Bote oder ein Botenjunge.

et byvåben — Stadtwappen. → *våben;* → *våbenhus.*

en bænkebider — beißt in keine Bank, es ist eine Kellerassel. → *en bænkevarmer.*

en bænkevarmer — wärmt die Bank, denn die Dame wird nicht zum Tanzen aufgefordert: ein Mauerblümchen; en *bænkevarmer* ist auch ein Spieler, der nicht eingewechselt wird. → *en bænkebider.*

bærbar — eigentlich: tragbar, aber das ist in Dänemark nur der Laptop: *min bærbare (computer);* tragbar wäre ansonsten: *acceptabel.* → *bæredygtig.*

bæredygtig — tragfähig (bei einem Obstbaum, der beginnt, Früchte zu tragen). Heutige Hauptbedeutung: nachhaltig: *en bæredygtig energipolitik.* → *bærbar.*

børnecheck — einkommensabhängige Zahlung an Familien mit Kind(ern). → *ældrecheck.*

børnehaveklasse — Alle kennen *en børnehave* als einen Kindergarten; *en børnehaveklasse* ist allerdings kein Teil eines Kindergartens, sondern vielmehr als Vorschule ein Teil der Schule.

en bøsse — Eines meiner alten *Røde Ordbøger* von 1956 nennt als einzige Bedeutung: Büchse, Flinte, und dann *en haglbøsse* eine Schrotflinte. Die wichtigste Bedeutung heute: *Han er bøsse.* Er ist schwul.

en cadeau — ist kein Geschenk im üblichen Sinne, sondern eine freundliche, entgegenkommende Handlung. Es kann auch ein besonderes Lob sein. Ein normales Geschenk ist *en gave.*

cand. — → *kandidat.*

en censor — ein Prüfer bei einer Prüfung oder einem Examen. → *censur.*

censur — 1. Zensur, z. B. in den Medien; 2. Beurteilung von Examensleistungen durch einen *censor* oder mehrere censorer. →*karakter.*

en chance — eine Chance, eine Gelegenheit. Allerdings im Plural: *Han tager ingen chancer.* Er geht kein Risiko ein, er geht auf Nummer sicher.

et chatol — keine Schatulle, sondern eine Kommode mit Schubladen.

en cirkel — ein Kreis; *en ond cirkel* ein Teufelskreis. Landkreise gibt es in Dänemark seit dem 1.1.2007 nicht mehr; sie hießen → *et amt*. Ein Kreis von Personen ist → *en kreds*, z. B. *en studiekreds.* Der deutsche Zirkel in der Geometrie ist kein *cirkel*, sondern *en passer.*

et cirkulære — ist nicht irgendein Rundschreiben, sondern ein ministerieller Erlass.

civilingeniør — ein normaler Ingenieur. Vielleicht hat man es abgrenzen wollen von *ingeniørtropper*, denn das sind die Pioniere beim Militär. → *pioner.*

coloradobille — *en bille* = ein Käfer, aber Colorado? Es ist der aus Amerika stammende Kartoffelkäfer.

en container — 1. ein Container; 2. eine Mülltonne *(affaldscontainer).* → *containerplads.*

en containerplads — ein Recyclinghof *(= genbrugsstation).*

cv — ist kein *deux-chevaux* von der Firma Citroën; es bedeutet *curriculum vitae* = Lebenslauf. → *levevej.*

en cylinder — 1. ein Zylinder (im Motor); 2. als Hut → *hat: en høj hat.*

en dam

ein Teich; *en mølledam* ein Mühlenteich. Die Flensburger Straße „Mühlendamm" hat nichts mit einem Damm zu tun, denn hier befand sich einst ein aufgestauter Teich. → *en andedam*. Ein deutscher Damm wäre *en dæmning* oder auch *et dige*.

en dansk vand

eine Flasche (*én flaske*: deshalb *en* und nicht *et*) Mineralwasser, das nicht unbedingt *dansk* sein muss.

delebarn

Kind, das abwechselnd bei der Mutter und dem Vater ist, also ein Kind, das man sich teilt. → *deleforældre*; → *papfar, papmor*.

deleforældre

Eltern, die sich das Sorgerecht teilen. → *delebarn*; → *papfar, papmor*.

en dilettant

1. ein Dilettant; 2. eine Person, die etwas als Kunst oder Hobby – unter Umständen auf hohem Niveau – betreibt. So ist ein Amateurschauspieler *en dilettantskuespiller*. Der deutsche Dilettant kann auf Dänisch auch *en umulius, en uduelig person* sein.

et diplom

meistens „nur" eine Urkunde: Schulsport, erfolgreiche Teilnahme an einem Kursus usw. → *et bevis*.

en direktør

das muss kein „richtiger" Direktor sein. Sogar in einer Ein-Mann-Firma kann man sich *direktør* nennen. Etwas ganz anderes ist der *administrerende direktør*: er ist Chef oder Geschäftsführer eines bedeutenden Unternehmens. → *skoledirektør*. Ähnliche Missverständnisse wie bei *direktør* gibt es bei → *klinik*.

en dirigent

1. ein Dirigent (Musik); 2. ein Versammlungsleiter (auch *ordstyrer*).

en diæt, diæter

eine Diät; im Plural sind *diæter* allerdings Aufwandsentschädigungen (Reisekosten, Übernachtung usw.); *diæter* bekommen z. B. auch die Wahlhelfer in den Wahllokalen. Die Diäten etwa der Abgeordneten sind *en (politiker)løn som medlem af folketinget*.

djævleøen eigentlich die Teufelsinsel; ironische Bezeichnung für die Insel Seeland mit Kopenhagen, meist von Jütländern benutzt, die sich darüber ärgern, dass „alles" in der Hauptstadt bestimmt wird. Die Kopenhagener rächen sich mit dem *jydekrog* – aber das ist eine ganz andere Geschichte.

djøf steht für *Danmarks Jurist- og Økonomforbund; djøfferne* oder *DJØFerne* gilt als Sammelbezeichnung für Universitätsabsolventen, die in Politik und Regierung angeblich überrepräsentiert sind und überall das Sagen haben. In der Tageszeitung *Politiken* war im Dezember 2013 sogar von einer *djøfisering* die Rede.

et dollargrin nicht das Grinsen eines Börsenspekulanten, sondern ein (amerikanischer) Straßenkreuzer.

dr. Der dänische Doktor-Titel entspricht nicht seinem deutschen Pendant, denn er entspricht der Habilitation. *Han har taget en doktorgrad i kemi.* Er hat sich in Chemie habilitiert. → *ph.d., PhD.* Der *Dr.* taucht im Dänischen dann noch als Abkürzung für *dronning* auf: *Dr. Margrethes Vej* ist nun nicht mehr misszuverstehen. Ebenso geht die *Dr. Tværgade* in *København* nicht auf einen Herrn *Tvær* zurück.

en dragt eigentlich eine Tracht, aber das ist auf Dänisch *en folkedragt; dragt* ist heute Bestandteil von *flyverdragt* Schneeanzug, Spielanzug, *kedeldragt* Latzhose / Overall als Arbeitskleidung, *badedragt* Badeanzug, *sparkedragt* Strampelanzug. → *en spadseredragt*.

en drift 1. ein Trieb; 2. der Betrieb im Sinne von Betreiben. *Maskinens drift koster masser af energi.* Das Betreiben dieser Maschine kostet sehr viel Energie. Außer Betrieb: *Ude af drift*. Raubbau *rovdrift*. → *en bedrift;* → *en virksomhed*.

at drive den af seine Zeit vertrödeln, faulenzen: *Han driver den af*; abtreiben ist *at foretage en abort*.

dronningerunden keine Einladung zum Tee bei Ihrer Majestät, der Königin; sie bittet vielmehr die Parteivorsitzenden zum Gespräch über die kommende Regierungsbildung bzw. -koalition nach einer *folketings*-Wahl.

en dyne eine Bettdecke. Die deutschen Dünen sind *klitter*. Eine bekannte dänische Bettenfirma heißt *Dyne-Larsen*.

dyneløfteri eigentlich das Anheben der Bettdecke, um nachzuschauen, wer darunter liegt. Wenn Behörden untersuchen, ob Empfänger von Sozialleistungen allein oder in eheähnlichen Gemeinschaften wohnen, spricht man von *dyneløfteri*, im weiteren Sinne auch als zu weit ins Persönliche gehende Schnüffelei verstanden.

et dæk ein Reifen: *et cykeldæk* ein Fahrradreifen, *vinterdæk* Winterreifen. → en *slange;* → *et tæppe;* → *en dyne*.

et dækhotel ist nur eine Stelle / Firma, wo man z. B. seine Winterreifen den Sommer über aufbewahren kann. → *dæk*.

et dække z. B. *snedække* oder *skydække* (Schnee-, Wolkendecke); → *tæppe*.

en dødbold ein toter Ball? Im Fußball ein ruhender Ball, z. B. bei einem Freistoß oder Eckstoß.

dødssyg totkrank ist eher *dødelig syg*; *dødssyg* bedeutet umgangssprachlich: total bescheuert.

dødvande

eine Problemstellung, in der es weder vor noch zurück geht: *Forhandlingerne befandt sig i et dødvande.*

et døgn

ein Kunstwort, das sich aus *dag-og-nat* zusammensetzt und „rund um die Uhr" bedeutet. So gibt es *en døgnkiosk (= en døgner)* und *døgntank*, der *døgnåben* ist; *døgnvagt* bedeutet rund um die Uhr einsatz- und dienstbereit. → *vagt. En døgninstitution* ist eine soziale Einrichtung zur Unterbringung von Kindern und Jugendlichen (Kinderheim). Arbeitet ein Unternehmen rund um die Uhr, *så arbejder den i døgndrift.*

en døgnflue

eigentlich eine „24-Stunden-Fliege", also eine Eintagsfliege – verwendet wie im Deutschen. → *et døgn.*

effekter

In einem Museum sind *effekter* Ausstellungsgegenstände. Ansonsten bedeutet *effekt* dasselbe im Deutschen.

en efterskole

keine Fortbildung nach Beendigung der Schulzeit, sondern eine Internatsschule, in der die 8.–10. Klasse als Alternative zur *folkeskole* absolviert wird. Es gibt mehr als 200 *efterskoler* mit den unterschiedlichsten Schwerpunkten in Dänemark. → *en højskole.*

en ejendom

1. ein meist größeres Gebäude: *forretningsejendom* Geschäftshaus; 2. Immobilie: *Han investerer i fast ejendom.* Er legt sein Geld in Immobilien an. *Ejendomsmægler* Immobilienmakler. 3. Besitz: *Billedet er hans private ejendom.* Aber: *ejendommelig* seltsam, eigenartig.

en eksekution

die praktische Durchführung eines Gerichtsurteils, z. B. eine Zwangsvollstreckung; eine Hinrichtung kann allerdings auch so heißen (oder *en henrettelse).* → *kongens foged.*

en ekspedient, en ekspeditrice

ein Verkäufer, eine Verkäuferin. → *ekspedition.*

en ekspedition

Neben der deutschen Expedition bedeutet es Bedienung von Kunden. → *ekspedient.*

et ekstranummer

"*Ekstranummer! Ekstranummer!*", ruft in Dänemark das Publikum, wenn es eine Zugabe verlangt. Eine besondere Ausgabe einer Zeitung oder Zeitschrift ist dann eher *et særnummer* oder *en ekstraudgave.*

en elastik

ein einfaches Gummiband.

elementkøkken; elementbyggeri

eine Einbauküche; ein Gebäude aus Fertigbauteilen.

en elitebilist

ein Autofahrer, der durch unfallfreies Fahren in den Genuss eines Versicherungsrabatts kommt. Ob man deshalb nun gleich zur Elite gehört, darf bezweifelt werden. → *spritbilist;* → *selvrisiko.*

endelig

1. endlich, schließlich, auch *omsider;* 2. endgültig: *den endelige afgørelse* die endgültige Entscheidung; 3. wirklich, unbedingt: *Næste gang I kommer til København, så må i endelig besøge os.* Wenn Ihr das nächste Mal nach Kopenhagen kommt, dann müsst Ihr uns unbedingt besuchen. → *endeligt.*

(et) endeligt

das Aus, der Schluss, der Tod: *Så kom lufthavnens endeligt.* Das war das Aus für den Flughafen. → *endelig.*

enestående

meist positiv verwendet: einzigartig, großartig. Alleinstehend / Alleinerziehend ist *enlig (mor eller far).*

enkel – enkelt

einfach – einzeln, einzig (Plural: einige). Zu *enkel/enkelt* sollte man eine Grammatik und/oder einen Dänen befragen, da es da Überlappungen gibt. *En middag i al enkelhed.* Ein ganz einfaches Abendessen; *i alle enkeltheder* in allen Einzelheiten/Details.

enlig → *enestående*.

en entré, en entre der Eingangsbereich eines Hauses oder einer Wohnung. Weitere Bedeutung: der Eintritt, das Eintrittsgeld. Zur Schreibweise: die korrekte französische Schreibweise wäre *entrée*, die ist aber im Dänischen verkehrt. Ebenso heißt es im Dänischen *logi* (*kost og logi*) und nicht etymologisch *logis*. Dennoch bleibt die Aussprache französisch. → *allé*; → *idé*.

entreprenant aktiv, erfolgreich; → *entreprenør*.

en entreprenør eigentlich aus dem Französischen ganz allgemein ein Unternehmer, im Dänischen jedoch begrenzt auf einen Tiefbauunternehmer. → *entreprenant*; → *anlæg*.

en episode meist ein zeitlich begrenzter, heftiger Zwischenfall oder eine gewalttätige Auseinandersetzung, z. B. eine Schießerei. Ansonsten wie im Deutschen eine kleine Begebenheit ohne andauernde Wirkung.

at erkende 1. (meist widerstrebend) etwas einsehen; 2. etwas zugeben, eingestehen. *Den tiltalte erkendte sin skyld*. Der Beschuldigte gestand seine Schuld ein; erkennen ist im Dänischen eher *at kende, at genkende, at se*.

at erstatte, en erstatning ersetzen, austauschen z. B. eines defekten Teils; in der Nebenbedeutung auch erstatten. *Han kræver en erstatning*. Er verlangt Schadensersatz. → *godtgørelse*. Die Erstattung von Kosten oder Auslagen ist *en refusion* (*at refundere*).

etat *„L'État, c'est moi"*, „Der Staat, das bin ich", soll der französische Sonnenkönig Louis XIV. gesagt haben. Wenn in Dänemark von *etaten* die Rede ist, meint man die höheren Ränge von Teilen des öffentlichen Dienstes: Militär, Zoll, Post und Staatsbahn. Wer allerdings „nur" als Verwaltungsangestellte oder als Lehrer arbeitet, *er ansat ved det offentlige*. Es lebe der kleine Unterschied! Der deutsche Etat (= das zur Verfügung stehende Geld) ist *budget* im Dänischen. → *finanslov*.

et eventyr — 1. ein Abenteuer; 2. ein Märchen: *H. C. Andersens verdenskendte eventyr*.

exit — 1. dasselbe wie *udgang, udgangsdør*; 2. Verschwinden: *Sidste folketingsvalg betød partiets exit fra Christiansborg*. Bei der letzten Wahl kam die Partei nicht mehr ins Folketing.

et fad — großer Teller oder flache Schüssel zum Auftischen von Speisen; *fadøl* (gezapftes Bier, Bier vom Fass) deutet auf die andere Bedeutung hin: Fass, Tonne. → *salatfad*.

en fadder — ein Pate, oft auch *gudfar* genannt; Vater ist dagegen *far, fader*.

en fagforening — ursprünglich eine Vereinigung von Männern des gleichen Berufs, des gleichen Fachs. Heute: Gewerkschaft. Es ist interessant, sich einmal über die De-facto-Zwangsmitgliedschaft in einer dänischen Gewerkschaft und die finanziellen Vorteile zu informieren. → *faglig*.

faglig — 1. fachlich: *faglig kompetence*; 2. gewerkschaftlich, z. B. *fagligt møde* Gewerkschaftssitzung, *faglig konflikt* Arbeitskonflikt. → *fagforening*.

falsk — bedeutet falsch im Sinne von unehrlich, hinterhältig. Geht es um falsch oder richtig, heißt es *forkert eller rigtigt / korrekt*. Ausnahme: *Hun synger falsk*.

falske venner (falsche Freunde) sind demnach Freunde, die einen sprachlich aufs Glatteis führen. So können scheinbar eindeutige Wörter uns hereinlegen. Das vorliegende Buch enthält Hunderte von Beispielen von sogenannten *falske venner* (engl. *false friends*).

min familie kann die engste Familie sein; oft bedeutet es aber Verwandtschaft im weiteren Sinne: *Jeg har familie i Australien.* Ich habe Verwandte in Australien.

en fange – en fanger *en fange* ein Gefangener, *fanger* Gefangene (Plural), *fangerne* die Gefangenen.
en fanger ein Fänger, ein Jäger (besonders in Grönland: Seehunde usw.), *fangere* Fänger (Plural), *fangerne* die Fänger; *de grønlandske fangere.* Aufgepasst: *fangerne* kann also beides bedeuten.
en fanger kann darüber hinaus noch in Zusammensetzungen wie *solfanger* (Solarzelle) oder *kofanger* (Stoßstange) auftauchen.

at fare bedeutet sich schnell zu bewegen: *at fare rundt* herumsausen; fahren dagegen ist *at køre* bzw. auf dem Wasser → *at sejle;* → *vild.*

fart Geschwindigkeit. Gute Fahrt! *God tur!*

et fartøj ein Schiff (Fischerei, Marine); ein Fahrzeug dagegen ist *et køretøj. De danske farvande* sind die dänischen Hoheitsgewässer, und *farvel* ist eigentlich ein maritimer Abschiedsgruß.

en farve eine Farbe, z. B. rot, aber ein Eimer weiße Farbe ist *en spand hvid maling.* → *et maleri.*

fed Grundbedeutung: fett; umgangssprachlich: toll, super, echt geil usw. *Det var bare fedt.* Das war einfach toll. → *sej.*

at fedte hat neben 1. einfetten noch 2. die Bedeutung sich einschmeicheln und 3. geizig sein.

en feltmadras eine „Feldmatratze“, als Schimpfwort benutzt für Frauen, die während der Besatzungszeit 1940–45 ein Liebesverhältnis mit deutschen Soldaten eingegangen waren.

fiks og færdig alles, was nach Abschluss aller Arbeiten in Gebrauch genommen werden kann, z. B.: *Ejendommen er fiks og færdig og klar til indflytning.* Das Gebäude ist bezugsfertig. Das deutsche „fix und fertig“ ist *mast, fuldstændig udkørt.*

en finanslov eigentlich „nur“ ein Finanzgesetz; es ist allerdings das allerwichtigste seiner Art, nämlich der in jedem Herbst im *folketing* verabschiedete Staatshaushalt des Königreichs für das folgende Jahr; es ist Tradition in DK, auch die Opposition an der Ausarbeitung des *finanslov* zu beteiligen. → *etat.*

finker sind keine Vogelgattung, sondern ein früher verbreitetes Gericht aus haschierten Innereien; *en bogfinke* ist dann allerdings wieder ein Buchfink.

finkultur Hochkultur (z. B. *Det Kongelige Teater, Operahuset* usw.), meist ironisch-kritisch verwendet. → *folkelig.*

et firben nicht unsere vierbeinigen Lieblinge, sondern eine Eidechse.

firehjuls-, firhjuls- mit vier Rädern, was für ein Auto eigentlich das Normale sein sollte. Es ist verkürzt von *firhjulstræk* (-antrieb). In Dänemark bezeichnet man damit allerdings das, was auf Neudeutsch SUV (= Sport Utility Vehicle) heißt, also ein geländegängiges *(terrængående)* Auto mit Allrad-Antrieb *(firhjulstræk).*

firkantet beschreibt eigentlich ein vierkantiges Stück Holz; im übertragenen Sinne: einseitig, pedantisch regeltreu, grob, unnuanciert, stark vereinfacht.

flad 1. flach; 2. pleite; 3. Batterie: leer.

flamingo 1. Flamingo; 2. im Bereich Verpackung bedeutet *flamingo* aber Styropor.

en flanke eine Flanke (Seite); im Fußball wäre es dagegen *en aflevering (indover).*

flink nett, freundlich, entgegenkommend, hilfsbereit. *Hun har gået i flinkeskolen:* Sie hat gelernt, sich freundlich, höflich und wohlerzogen zu benehmen. → *rar;* → *sød.*

flis kleines, abgebrochenes Teilchen z. B. am Zahn oder an einem Knochen; meist aber: geschreddertes Holzmaterial (zur Bodenbedeckung). → *fliser;* → *kakler;* → *klinke.*

fliser Fliesen, z. B. im Badezimmer; Betonplatten auf Gartenwegen oder dem Bürgersteig sind auch *fliser; flis* dagegen ist u. a. geschreddertes Holz zur Verwendung im Garten. → *kakler;* → *klinke.*

flot nicht deckungsgleich mit dem deutschen flott: *en flot bygning* ein hübsches Gebäude, *flotte karakterer* gute Zensuren, *en rigtig flottenhejmer* Person, die protzt und auf (zu) großem Fuß lebt.

flueben wenn man auf einer Liste etwas mit einem Häkchen abhakt, *så sætter man et flueben.*

flugtskydning Niemand wird hier bei einem Fluchtversuch erschossen (*skudt under et flugtforsøg*). Es ist vielmehr das beliebte Tontaubenschießen.

et flygel nur der Konzertflügel. Der Flügel eines Vogels oder eines Flugzeugs: *en vinge.*

en flyverdragt ist keine Pilotenausrüstung, sondern ein Spielanzug/Overall für kleinere Kinder. Ist der Winter dann vorbei, bekommen die Kleinen *en keddeldragt* eine Latzhose (eigentlich: „Kesselanzug“, Monteuranzug).

flyveører sind im Deutschen keine „Fliegerohren", sondern Segelohren.

flæsk *Flæsk* ist nicht *kød*; *flæsk* ist sehr fettes Fleisch, z. B. Bauchfleisch; reines, meist mageres Fleisch ist dagegen *kød*; *valgflæsk* sind Wahlversprechen.

en fodfejl ein Übertreter im Tennis; sodann ein kleineres, verzeihliches Versehen. Ein weiterer „Fußfehler" → *en ligtorn*.

folk *folket* ist das Volk. Benutzt man *folk* ohne Artikel, bedeutet es „die Leute" oder „man": *Folk siger* ... Man sagt ... / Die Leute sagen ...

folkekirke trotz des Namens: die dänische, evangelisch-lutherische Staatskirche mit der Königin als dem formellen Oberhaupt; deshalb gibt es einen *kirkeminister* und auch oft den *Dannebrog* in und vor den Kirchen. Die Eheschließung in der Kirche bei einem Pastor der *folkekirke* ist genauso juristisch gültig wie die standesamtliche Trauung im Rathaus. → *forlover*; → *Indre Mission*.

folkelig volkstümlich passt nicht richtig; es ist sehr dänisch und zugleich populär. Oft verbindet man *folkelig* mit → *Grundtvig* (S. 135). → *finkultur*.

folkepension finanzielle Grundsicherung im Alter in Form einer staatlichen Rente; → *pension*; → *ældrecheck*.

folkeskole entspricht nicht der früheren deutschen „Volksschule". Die *folkeskole* ist eine staatliche (kommunale) Gesamtschule für die Jahrgänge von der Vorschule bis zur (obligatorischen) 9. und (freiwilligen) 10. Klasse; → *gymnasium*. Die in Dänemark stark verbreiteten Privatschulen nennen sich meist *privatskole*, *friskole* oder auch *realskole*, was ebenfalls nicht der deutschen „Realschule" entspricht.

en foranstaltning eine Maßnahme: *Man træffer de rigtige foranstaltninger.* Eine Veranstaltung ist → *et arrangement.*

force eigentlich Kraft, beschreibt aber eher eine besondere Fähigkeit, Stärke oder Begabung: *Hendes force er at skrive sjove digte.* Sie hat ein besonderes Talent, lustige Gedichte zu schreiben.

en foregangsmand ist nicht der Vorgänger, sondern ein Pionier, ein Wegbereiter; → *pioner.*

1. foreslået; 2. forslået 1. vorgeschlagen (Betonung auf der ersten Silbe *fore-*) – 2. übel zugerichtet (mit Betonung auf dem å); *at foreslå* vorschlagen; *at forslå* (aus)reichen.

forfald 1. Fälligkeit (Bezahlung); 2. Verfall: *romerrigets forfald, kroppens forfald.* 3. Absage: *at melde forfald* absagen. → *forfaldsdato.*

forfaldsdato Das lädt die öko-bewussten Deutschen nun wirklich zu Missverständnissen ein, denn das Verfallsdatum, z. B. auf Lebensmitteln, wird im Dänischen mit *Mindst holdbar til* ... oder *Bedst før* ... ausgedrückt; *forfaldsdato* ist dagegen der Stichtag, an dem eine Zahlung fällig ist, z. B. beim Kauf eines Hauses. → *forfald;* → *forældet;* → *termin.*

forfængelig eitel; verfänglich ist dagegen *kilden, prekær.*

en forhandler 1. ein Verhandler, ein Unterhändler; 2. ein Händler, der eine Firmenvertretung hat, z. B. in der Autobranche. Ein Gebrauchtwagenhändler ist *en brugtbilsforhandler.* → *at handle.*

et forhør ein Verhör. Aber: → *at forhøre sig;* → en *afhøring.*

et forhøre sig sich umhören, sich erkundigen: *Hun forhørte sig om der var en ledig lejlighed.* Sie erkundigte sich, ob da eine Wohnung frei war; sich z. B. am Telefon verhören *at tage fejl, at høre fejl.* → *at afhøre;* → *et forhør.*

forloren; at tabe; at miste

unaufrichtig, unecht, falsch: *forloren romantik; forloren hare* (eine Art) falscher Hase, *forlorne tænder* künstliches Gebiss. *forloren skildpadde* keine verlorene Schildkröte, sondern ein Gericht aus Kalbfleisch, Kalbshirn u. a. m. Hat man etwas verloren: *Han har tabt (at tabe) sin pung på vejen.* Er hat sein Portemonnaie auf der Straße verloren. Hat er abgenommen, *så har han tabt sig.* Aber: *Han har mistet (at miste) sit kørekort.* Er hat seinen Führerschein verloren, d. h. er ist ihm entzogen worden.

en forlover

hat mit Verlobung nichts zu tun, denn er tritt erst bei der kirchlichen Eheschließung in Aktion: Er steht bereit mit den Ringen. Zuvor hat er den Polterabend organisiert, und nach der Trauung ist er so etwas wie ein Zeremonienmeister bei den Festlichkeiten. → *folkekirke.*

en forlægning

1. eine größere Soldatenunterkunft, ein Militärlager; 2. die Verlegung: *Der er sket en forlægning af flygtningelejren fra Lampedusa til fastlandet.* Das Flüchtlingslager wurde von Lampedusa auf das Festland verlegt. Einen Termin, ein Treffen verlegen: *at udskyde.* → *afsagt.*

en formand

der oder die Vorsitzende. Die Dänen sind sich nicht ganz einig, ob eine Frau als Vorsitzende nun *formand* oder *forkvinde* heißt, beides ist jedenfalls korrekt. Eindeutig ist es dagegen bei → *franskmand;* → *nordmand;* → *sygeplejerske;* → *landmand.*

at formere sig

sich vermehren. Gelegentlich bedeutet *at formere* auch das Bilden einer militärischen Aufstellung, aber „Es formiert sich Widerstand“ müsste mit *modstanden organiseres* übersetzt werden.

en formular 1. ein Formular (= *en blanket*); 2. eine Formel; eine Zauberformel ist z. B. *en trylleformular.*

at formøble (Geld) verprassen. Das deutsche „vermöbeln" bedeutet: verprügeln.

fornem vornehm; weitere überwiegend verwendete Bedeutung: sehr gut, stilvoll, beeindruckend, z. B. *en fornem indsats. Det var fornemt!* Ein tolles Engagement. Das war sehr eindrucksvoll! → *at fornemme.*

at fornemme fühlen, empfinden; *(visse) fornemmelser:* gewisse Ahnungen, Gefühle, evtl. Talent und Begabung: *Hun har fornemmelse for portrættegning.* Das Porträtzeichnen liegt ihr ganz besonders. → *fornem.*

at forpagte das genaue Gegenteil dessen, was man vermutet: *at forpagte* bedeutet pachten; verpachten ist *at bortforpagte.* → *en forpagter.*

en forpagter ein Pächter; → *at forpagte*

forsinket → *at sinke.*

en forsker → *en akademiker.*

forstand kann Verstand bedeuten: *Han er gået fra forstanden.* Er hat den Verstand verloren. Dagegen: *i den forstand* in diesem Sinne, und *forstandig* ist nicht verständlich, sondern vernünftig, einsichtig.

forsømt 1. Schule, Pflichten: versäumt; 2. vernachlässigt, heruntergekommen: *en forsømt have, et forsømt hus, et forsømt barn* ein verwilderter Garten, ein heruntergekommenes Haus, ein vernachlässigtes Kind. Aber: eine versäumte Gelegenheit *en forpasset lejlighed / chance.*

forurening wird mit Verunreinigung nicht korrekt übersetzt, denn eine Verunreinigung wäre im Dänischen *en* *plet, lidt snavs, ikke helt rent* usw.; *forurening* ist das sprachlich-semantische Schwergewicht: die Umweltverschmutzung – mit klimakatastrophalen Konnotationen, also kein trübes Wasser im Gartenteich oder so; *forurening* lässt sich steigern, indem man *miljøforurening* sagt. → *miljø*. Bei unangenehmem Lärm *(støj)* spricht man von *støjforurening*.

forældet bedeutet – wie *umoderne* – zunächst so viel wie veraltet; in der zweiten Bedeutung ist es verjährt; also hat *en forældelsesfrist* etwas mit Verjährung und nicht mit unmodern gewordener Kleidung zu tun. → *forfaldsdato*.

at forære schenken; verehren ist *at tilbede*. → *at skænke*.

en frakke kein Frack, sondern ein einfacher Mantel. → *i kjole og hvidt*; → *en habit*; → *et dæk*.

fransk hotdog Wenn man ihn sieht, weiß man, warum er so heißt.

fransk visit ein (zu) kurzer Besuch, eine Stippvisite: *Han kom kun på fransk visit*.

franskbrød Weißbrot.

en franskmand Franzose oder Französin, entsprechend der Plural: *franskmænd* kann also auch Französinnen bedeuten. Anders als in Deutschland haben sich in Dänemark die männlichen Unisex-Bezeichnungen durchgesetzt: *en lærer* ein Lehrer oder eine Lehrerin usw. → *nordmand*; → *formand*. Zwei Beispiele dafür, dass auch einmal die weibliche Form für Männer maßgebend ist: → *smørrebrødsjomfru*; → *sygeplejerske*.

at frede ist abgeleitet von *fred* Frieden. Es bedeutet jedoch unter Natur- oder Denkmalschutz stellen. *Bygningen er fredet*. Das Gebäude steht unter Denkmalschutz. Hinter der Bezeichnung *fredskov* / Friedeholz steht auch noch eine spannende Geschichte ...

frelst eigentlich erlöst im religiösen Sinne *(at frelse* = erlösen, *frelseren* = der Erlöser*)*; in allen anderen Zusammenhängen bedeutet *frelst*, von der eigenen Meinung und vom eigenen Lebensstil vollständig überzeugt und kompromissunfähig zu sein.

fri Grundbedeutung frei; bei einem Platz eher *ledig* oder *ikke optaget* (das Wort → *besat* sollte man vermeiden). Die Bedeutung von *Fri entré* ist klar; *at gå fri* wird verwendet, wenn z. B. von einer Beschuldigung oder Anklage abgesehen wird; nicht betroffen sein: *Jordskælvet ramte kun hovedstaden, resten af landet gik fri.* Das Erdbeben erschütterte nur die Hauptstadt, der Rest des Landes war nicht betroffen.

at friste – en fristelse 1. *Han frister en kummerlig tilværelse.* Er fristet ein kümmerliches Dasein. 2. (ver)locken, reizen, versuchen: *Den lækre kage frister mig, den er en stor fristelse; fristelse* = Versuchung (auch im religiösen Sinn).

frivillig ist natürlich freiwillig, aber im Sportverein, in der Kirche, in karitativen Vereinigungen usw. bedeutet *frivillig* ehrenamtlich, und das ist fast dasselbe, aber eben nicht ganz: *frivilligt arbejde* ehrenamtliche Tätigkeit.

fro dichterisch: froh *(glad)*; überlebt hat *fro* in *skadefro* schadenfroh.

frokost manchmal als Frühstück missverstanden; es ist ein Lunch etwa 12 Uhr mittags; die warme Hauptmahlzeit hat sich mit der Berufstätigkeit der Frauen in Dänemark auf den Abend verlagert. → *middag.*

fromage auch für Französisch-Kundige: kein Käse, denn das ist *ost*. Es ist ein süßer Nachtisch, eine Art Schaumspeise. *Nudansk ordbog* weiß: *en kold, luftig dessert der er lavet af æg, sukker og flødeskum som er stivnet med husblas og tilsat forskellig smag*. Hmm ...!

frue eigentlich Frau, Dame. *Vor Frue Kirke* Marienkirche; Anrede: *fru Jensen*, aber: *lille fru Jensen* – „Otto Normalverbraucher", die kleinen Leute. Formelle Einladung: *Hr. Jensen og frue*. Bei Vorstellung unbedingt *frue* vermeiden: Das ist meine Frau: *Det er min kone*.

fræk 1. frech; 2. obszön, sexuell anstößig, sexuell provozierend: *frække billeder* pornografische Abbildungen, *en fræk historie* eine obszöne Geschichte. → *liderlig*.

at fungere gut funktionieren: *Apparatet fungerer udmærket*. Fungieren, ein Amt ausüben: *Han fungerer som formand*.
at fungere ist ein Beispiel dafür, dass Wörter lateinisch-französischen Ursprungs nicht immer parallelisiert werden können: *at investere* investieren, aber: *en investering* eine Investition. → *at virke*.

en funktionær häufigste Bedeutung: ein Angestellter; im öffentlichen Dienst sind praktisch alle *funktionærer* und keine Beamten. Beamte auf Lebenszeit gibt es nur noch ganz wenige, sie wären *tjenestemænd*.

fyldt chokolade Pralinen; eine Tafel Schokolade ist übrigens keine *tavle*, sondern *en plade chokolade*.

en fyr ein Kerl, ein junger Mann, ein (fester) Freund; ein netter Kerl *en frisk fyr;* nicht zu verwechseln mit → *et fyr;* → *en knægt*

et fyr Grundbedeutung: Feuer, heute meist *ild;* → *ild slukker*. In vielen Zusammenhängen noch verwendet: *fyr og flamme, et fyrtårn* ein Leuchtturm, *fyrrummet* der Heizungskeller, *oliefyr* Ölheizung, *et* *halmfyr* ist das in Dänemark verbreitete Heizen mit Strohballen. *Nu fyrer vi op i kakkelovnen!* Die Feuerwehr ist dagegen *et brandværn; et fyr* ist nicht zu verwechseln mit → *en fyr.*

føljeton es ist nicht das deutsche Feuilleton, sondern ein Fortsetzungsroman oder -geschichte. Feuilleton ist auf Dänisch die *kultur-* oder *litteraturside* in einer Zeitung.

et gadekryds 1. Straßenkreuzung; 2. Bezeichnung für einen Hund: Promenadenmischung.

gal 1. verrückt. *Det er jo det rene galehus!* Hier geht es ja zu wie im Tollhaus! 2. wütend. *De blev gale på hinanden.* Sie gerieten in Streit miteinander; *at gale* krähen. → *rasende.*

ganske vist bedeutet eigentlich: ganz bestimmt, ganz sicher. Ein H. C. Andersen-Märchen heißt *"Det er ganske vist!"* Aber: *ganske vist* ist auch eine Konjunktion in der Bedeutung von zwar: *Ganske vist var det en forkert beslutning, men skaden kunne man hurtigt rette op på.* Das war zwar eine Fehlentscheidung, aber der Schaden wurde schnell behoben. *Ganske vist er hun 70 år gammel, men hun løber stadig maraton.*

garn Wollfaden zum Stricken; → *garnnøgle;* → *bundgarn;* → *en tråd.*

et garnnøgle obwohl → *en nøgle* ein einfacher Schlüssel ist, bedeutet *et garnnøgle* Wollknäuel. → *garn.*

at gardere sig hat nichts mit bewaffnen oder bewachen zu tun; es bedeutet: auf etwas vorbereitet sein, auf etwas gefasst sein. *Nu er vi garderet.* Jetzt kann eigentlich nichts mehr schiefgehen.

gas 1. Gas; 2. Quatsch, Unsinn. *Du tager gas på mig!* Willst du mich ver ... ?

en gast ein Matrose (auf großen Segelschiffen); ein Gast ist *en gæst.*

et gebet ist nichts Frommes, sondern bedeutet – wie *område* – das Gebiet: *Det er ikke mit gebet.* Davon verstehe ich nichts. Ein deutsches Gebet ist auf Dänisch *en bøn.*

et gebis ist allein die Bezeichnung für künstliche Zähne; die natürlichen Zähne sind *tandsæt* oder einfach *tænder.*

gedigen 1. rein und von guter Qualität: *gedigent guld, et gedigent stykke arbejde;* 2. stark, kräftig, außergewöhnlich: *et gedigent regnvejr* ein ordentliches Regenwetter mit starkem Niederschlag; *et gedigent, solidt bygget skib.*

en gejst ist der Geist, z. B. der Zusammenhalt / das gute Betriebsklima in einer Firma oder der *kampgejst* einer Handballmannschaft. Die Pastorenschaft läuft unter *gejstlighed.* Aber: der „Geist von 1848" wäre *ånden fra 1848.* Der Heilige Geist ist *helligånden,* und der Geist (= Gespenst) ist *et spøgelse.*

gelassen untertänig, übereifrig (gegenüber Kunden); gelassen wäre *afventende, rolig, tålmodig.*

gemyse können Sie nicht auf dem Wochenmarkt kaufen; *gemyse* ist die zubereitete Gemüsebeilage im Restaurant. (Frisches) Gemüse = *grøntsager.* → *hamburgerryg.*

at genere; genert stören, behindern, z. B. *Generer det dig at jeg ryger?* Stört es dich, wenn ich rauche? *Hun er altid lidt genert over for fremmede.* Gegenüber Fremden ist sie immer etwas geniert.

en genstand ein Gegenstand, aber auch die ironisch-euphemistische Bezeichnung für ein eingenommenes alkoholisches Getränk. So ist z. B. eine Flasche Bier oder ein Punsch oder ein Glas Wein *en genstand*. *Sundhedsstyrelsen* (die dänische Gesundheitsbehörde) empfiehlt Frauen, nicht mehr als fünf und Männern nicht mehr als sieben *genstande* pro Woche zu sich zu nehmen. → *sprit;* → *en spritbilist.*

en gesjæft ist eine scherzhafte Bezeichnung für eine Tätigkeit oder einen Laden: *Det er hans gesjæft at være præst.* Er ist nun mal Pastor. → *butik.*

en gift, giftig – gift ein Gift. Ein Gegengift wäre *en modgift.* Pilze können *giftige* sein. Allerdings bedeutet *gift / ugift* verheiratet / unverheiratet. Nicht zu verwechseln mit → *givtig.*

et gilde ist ein Fest: *gildesal* Festsaal, *høstgilde* Erntefest, *rejsegilde* Richtfest; eine Gilde ist dagegen *et laug*, z. B. *skyttelaug* Schützengilde, Schützenverein.

at give ist natürlich geben. Aber wie verstehen Sie Folgendes: *Jeg giver en øl. – Nej, det er mig der giver.* Hier bedeutet *at give* spendieren, einen ausgeben; *at give sig* nachgeben, *at give sig (god) tid* sich (reichlich) Zeit lassen; → *at overgive sig.*

givtig *et givtigt foretagende* ist ein Unternehmen / ein Vorhaben, bei dem ökonomisch etwas herausspringt. Auch fruchtbarer Boden kann *givtig* sein. → *giftig.*

en glidebane eine Rutschbahn. Im übertragenen Sinne: *Regeringen befinder sig på en glidebane.* Die Regierung befindet sich auf einem verhängnisvollen Kurs. → *en rutsjebane.*

globryllup eigentlich eine „Glotzhochzeit“, also die Hochzeit von Promis mit vielen gaffenden Zaungästen. → *glosuppe.*

glosuppe *Har du fået glosuppe i dag?* Was glotzt du so? → *globryllup.* Weitere „Suppen“ → *messingsuppe;* → *knippelsuppe.*

godtgørelse Erstattung von Spesen (Reise, Verpflegung usw.), nicht zu verwechseln mit → *velgørenhed.*

golde marker keine goldenen Kornfelder, sondern unfruchtbare Äcker; golden ist *gylden.*

goodwill 1. der Wert, den der Name, die Geschäftsverbindungen, der Kundenstamm und die Kreditwürdigkeit z. B. einer Firma oder einer Arztpraxis darstellen: → *virksomhedens goodwill;* 2. Wohlwollen gegenüber anderen: *Hun møder megen goodwill fra chefens side.* Ihr Chef bringt ihr viel Wohlwollen entgegen.

en graf *Grafen viser slottets tagkonstruktion.* Dies ist nicht der Herr Graf *himself:* Das Schaubild zeigt den Dachstuhl des Schlosses. Es ist also eine Grafik, hier: eine Konstruktionszeichnung des Dachstuhls.

granddanois ist kein dänischer Basketball-Spieler, sondern eine Hunderasse: Riesendogge, meist schwarz-weiß gescheckt.

en gravko ein Bagger *(at grave* graben, ausheben; *en ko* eine Kuh), die Etymologie ist aber eine andere. → *en gummiged.*

grovvarer eigentlich Grobwaren; alles, was der Landwirt an Getreide, Düngemitteln, Futterstoffen usw. benötigt.

en gruppe 1. eine Gruppe; 2. eine Fraktion; *en gruppeformand* ist demnach der Fraktionsvorsitzende in einem Stadtparlament *(byråd)* oder im *folketing.*

det grønne bord ist ein grüner Tisch, allerdings in der Bedeutung: Examenstisch bei einer mündlichen Prüfung, und dieser Tisch ist immer mit einem grünen Tuch belegt. Wirklichkeitsferne Entscheidungen „am / vom grünen Tisch" wären auf Dänisch *skrivebordsafgørelser*.

grøn(t)sag

en grøn(t)sag ist konkret ein Gemüse; der Satz *Jeg ønsker ikke at ende som en grønsag* bedeutet jedoch: Ich möchte nicht hilf- und willenlos am Tropf in einem Krankenhaus sterben. Der dänische Satz wird bei der Diskussion um *aktiv dødshjælp* (= Sterbehilfe) häufig verwendet.

en guldsmed

Richtig vermutet: ein Goldschmied, aber auch eine Libelle.

gule ærter

Es gibt grüne und gelbe Erbsen; hier bedeutet *gule ærter* ganz einfach Erbsensuppe, die in Dänemark jedoch dünnflüssiger ist als in Deutschland.

en gulerod

1. eine Wurzel, eine Möhre; 2. ein Lockmittel; *pisk og gulerod* Zuckerbrot und Peitsche.

en gummiged

wörtlich: eine Gummiziege; *en gummiged* ist ein kleiner Bagger z. B. zum Ausheben von Gräben; → *en gravko*.

et gymnasium

umfasst in Dänemark nur die Oberstufe und hat keinen eigenen Unterbau, ist also baulich und organisatorisch streng von der *folkeskole* getrennt; → *folkeskole*.

gæld

Schulden. Geld ist *penge*.

at gå ned

Jeg går lige ned i kælderen. So weit, so gut. Nur: *Computeren er lige gået ned.* Mein Computer ist gerade abgestürzt. *Firmaet er gået ned.* Die Firma ist pleite.

at gå ud; at gå ind

at gå ud ist bei Pflanzen: eingehen; *at gå ind (for)* bedeutet etwas anderes, nämlich sich für etwas einsetzen. → *(at gå) fri.*

gåseøjne keine Gänseaugen, sondern Gänsefüßchen, Anführungszeichen.

en habit dunkler Anzug. → *i kjole og hvidt;* → *en frakke.*

en hagel festliches Priestergewand, das sonst *præstekjole* heißt; Hagel (Jagd, Wetter) ist *hagl*, z. B. *et haglgevær, en haglbyge.*

hajtænder haben entfernt etwas mit Haifischzähnen zu tun; es sind aufgemalte weiße Dreiecke auf dem Asphalt, die bedeuten „Vorfahrt beachten" *(→ vigepligt).* Besonders in Wohngebieten gibt es dann keine anderen Vorfahrtsschilder, sondern eben nur *hajtænder.*

en halalhippie hat wenig mit *halal* oder *hippie* zu tun; der *halalhippie* ließe sich in Deutschland als naiver „Gutmensch" verorten. Der oft angewandte ironische Begriff des *halalhippie* wurde übrigens vom konservativen Folketings-Abgeordneten Naser Khader, einem arabischen Einwanderer, im Jahre 2000 kreiert.

halm ist Stroh z. B. im Kuhstall, und ein Strohhalm (zum Trinken) ist *et sugerør.*

halmfyr eine solche in DK weit verbreitete Heizanlage wird mit Strohballen (Stroh = *halm*) beheizt.

et halstørklæde ein Schal. → *et tørklæde;* → *en sjal.*

halt, at halte *Han er en lille smule halt.* Er hinkt ein wenig; *at halte* hinken; (mit dem Auto an-) halten *at standse, at stoppe.* Etwas halten ist in der Grundbedeutung *at holde.*

hamburgerryg ist nur ein Beispiel für die vielen Bezeichnungen für Lebensmittel, die man sich von Einheimischen erläutern lassen sollte; hinter dem „Hamburger Rücken" verbirgt sich eine Art Kassler. → *gemyse*

at handle 1. handeln; 2. einkaufen: *Vi plejer at handle i Irma.* Wir kaufen gewöhnlich bei Irma ein. Handeln im Sinne von feilschen: *at prutte om prisen.* → *en forhandler.*

hans – Hans das männliche Possessivpronomen *hans* (*Jeg kender hans kone*) und der Vorname *Hans* werden unterschiedlich ausgesprochen: einmal ohne und einmal mit → *stød*. Am Besten sich von einer Dänin vormachen lassen.

en harmonikabus ein Gelenkbus.

et harmonikasammenstød Hier kracht es gewaltig: Auffahrunfall mit zahlreichen Beteiligten.

hat: en høj hat → *cylinder.*

havblik völlig glatte Oberfläche des Meeres bei Windstille. Ein Sommerhaus mit Meeresblick wäre *et sommerhus med havudsigt;* → *blik.*

hed heiß; allerdings wird meistens *varm* verwendet. So sagt man bei einer Kochplatte: *den er (alt for) varm* – und nicht *hed*, das vertreten ist in *hedebølge* = Hitzewelle oder in *hedvin* = süßer Weißwein (Samos, Muskateller); → *hede.*

hede 1. Hitze: *i kampens hede, en hedebølge* (= Hitzewelle); 2. Heide: *et hedelandskab, den jyske hede,* aber: Heidehonig ist *lynghonning*; → *hed.*

hedvin kein heißer Punsch, sondern süßer Wein, z. B. aus Griechenland. → *hed.*

held das Glück, das eher auf einem Zufall beruht: im Lotto gewinnen, knapp einem Unglück entronnen sein oder bei einer Bewerbung Erfolg haben. → *lykke;* → *heldig;* → *kartoffel.*

heldig glücklich, auf einem Zufall beruhend: *Ih, hvor var vi heldige at få de sidste billetter til koncerten!* Mensch, haben wir ein Glück gehabt, dass wir noch die letzten Karten für das Konzert bekommen haben! Die Steigerung ist *svineheldig*. → *held*; → *lykke*; → *kartoffel*.

hellig 1. heilig; 2. umgangssprachlich und ironisch: (allzu) kategorisch und prinzipientreu; aber: *at hellige sig en opgave* sich einer Sache widmen.

helsekost ökologisch korrektes, gesundes Essen; ein Reformhaus *en helsekostbutik*, die in Dänemark allerdings fast nur Pillen, Pülverchen und Salben anbieten. → *sund*; → *rask*.

en henstilling 1. Aufforderung, Bitte. *Jeg henstiller til bestyrelsen, at* ... Ich fordere den Vorstand auf, ... 2. das Hinstellen (z. B. eines Fahrrades).

hentehår bei Herren mit Kopfplatte und seitlichem Haarkranz, wo einige Haarsträhnen über die Glatze gezogen werden, um selbige zu verdecken; *morgenhår* ist ein ähnlich ironischer Ausdruck.

herhjemme eigentlich: hier bei uns zu Hause; meist jedoch in der Bedeutung von: hier bei uns in Dänemark: *Herhjemme har vi kun få der dyrker vin*. Bei uns in Dänemark gibt es nur wenige, die Wein anbauen.

hestepærer Pferdebirnen? Pferdeäpfel!

et hjem ein Heim, ein Zuhause, z. B. *plejehjem* Pflegeheim, *alderdomshjem* Altersheim, *børnehjem* Kinderheim, *mit barndomshjem* mein Elternhaus usw.; *hjem* als Ortsangabe bedeutet nach Hause, zu Hause wäre *hjemme*; *herhjemme* kann die Bedeutung „bei uns in Dänemark" haben. So ist ein *hjemmetysker* (fälschliche Übersetzung: Heimdeutscher) ein Angehöriger der deutschen Minderheit im südlichen Dänemark.

hjemmegående bezeichnet die sog. „Nur-Hausfrau“, die sich mit der ironischen Bemerkung revanchieren kann: *Jeg er bestemt ikke hjemmegående, jeg er hjemmeløbende!*

en hjemmeside eine Homepage.

en hofmarskal Den Hofmarschall in seiner Operettenuniform gibt‘s wirklich am dänischen Hof. *Aber:* Bitte – gerade als Ausländer – keine Witze über die Royals und ihren Hofstaat machen! → *de royale (royalty).*

at honorere kann *at betale et honorar* bedeuten; weitere Bedeutung: Erwartungen oder Forderungen erfüllen, Ansprüchen genügen: *Han kunne ikke honorere vores forventninger.* Er konnte unsere Erwartungen nicht erfüllen.

en hose ältere Bezeichnung für lange gestrickte Strümpfe, heute noch verwendet im Ausdruck *som fod i hose* („Das passt wie die Faust aufs Auge.“).

en hovedstol keine Sitzgelegenheit, sondern der Grundbetrag von Schulden / Krediten – ohne Zinsen und Gebühren.

en hovedtelefon (= *høretelefon*) ist ein einfacher Kopfhörer.

humør Laune, Stimmung: *Hun er i godt humør.* Sie hat gute Laune. Humor ist dagegen *humor* (Betonung auf der ersten Silbe.).

en hund nicht nur ein Wauwau, sondern umgangssprachlich für einen 100-Kronen-Schein. → *en tusse.*

hurra wird in Dänemark oft und ausdauernd gerufen. Fragen Sie Ihren dänischen Nachbarn.

hurricane ist ein Windlicht für Balkon und Terrasse, auch wenn man hinter *hurricane* eher *en orkan* vermutet.

at husere verheeren, verwüsten, heimsuchen; hausieren dagegen: *at sælge ved dørene.*

en husmand Landwirt in einem kleineren Betrieb. *Et husmandssted* ist ein bescheidenes bäuerliches Anwesen. Ein deutscher „Hausmann" wäre → *hjemmegående.*

husvild obdachlos; → *vild.*

at hverve eine Person anwerben, z. B. zur Mitarbeit in einer Partei oder in einem Verein; Werbung betreiben ist dagegen *at reklamere, at lave reklame (for noget).*

hvidevarer 1. Weißwaren und Wäsche aus Leinen oder Baumwolle; 2. *(hårde) hvidevarer* sind dagegen Kühlschränke, Waschmaschinen usw.

hyggelig → *en bakke.*

en hyrde ein Hirte; eine Hürde ist *en forhindring,* der Hürdenlauf im Sport *et hækkeløb.*

høj 1. hoch; 2. groß (bei Personen): *Han er to meter høj.* 3. laut (*højttaler* Lautsprecher); *Tal højere!* Bitte lauter! 4. „high" im Sinne von: berauscht sein von etwas.

på højkant hat nichts damit zu tun, etwas „auf der hohen Kante" zu haben. Konkret: etwas hochkant stellen (z. B. eine Tischplatte). Es geht um viel Geld, wenn man sagt: *Der var mange penge på højkant. – Nu er hun på højkant igen.* Jetzt geht es ihr wieder besser. Geld auf der hohen Kante haben: *at have noget på kistebunden.*

en højskole keine Hochschule, sondern eine sehr dänische Variante der Heimvolkshochschule. Man sollte im Lexikon unter *N. F. S. Grundtvig* (S. 127) nachschlagen. → *en efterskole.*

en høretelefon → *en hovedtelefon.*

en høring eine Anhörung (von Experten), z. B. in einem Parlamentsausschuss. → *en afhøring*.

en høtyv *hø* = Heu, aber auch Geschwätz; *tyv* = Dieb; *en høtyv* ist dennoch eine Heugabel.

en hånd *at give hånd* jemandem die Hand geben. Gut zu wissen: *I Tyskland er der flere der giver hånd end i Danmark*. In Deutschland ist es weitaus üblicher, sich die Hand zu geben, als in Dänemark. Aber: *Skal vi ikke give ham en hånd?* Jetzt sollten wir aber einmal kräftig Beifall klatschen! → *at vaske (sine hænder)*.

en håndskomager stellt keine Handschuhe her. Er ist ein orthopädischer Schuhmacher. Handschuhe *handsker*, Fausthandschuhe *vanter*.

et håndværkertilbud Vorsicht! Bei diesem Hausangebot handelt es sich vermutlich um eine Bruchbude; in leicht abgemilderter Form heißt es bei problematischen Häusern: *Huset trænger til en kærlig hånd*. Das Haus bedarf einer liebevollen Hand. Aufpassen muss man auch bei → *en liebhaverbolig*.

hårde hvidevarer sind keine gestärkte Weißwäsche, sondern Kühlschränke, Waschmaschinen usw.

en idé, en ide eine Idee, eine Vorstellung: *Hun har en bestemt idé om, hvordan vi skaber fred på jorden*. Sie hat eine bestimmte Vorstellung davon, wie wir Frieden auf Erden schaffen können. Zur Schreibweise: *idé* und *ide* sind korrekt; das französische Original *idée* wäre so im Dänischen verkehrt. → *allé*; → *entré*.

et ideal ein Ideal, aber → *ideel*.

ideel ideal. *Han er den ideelle ansøger*. Er ist der ideale Bewerber. Das deutsche „ideell“ ist *immateriel, åndelig*. Der ideelle Wert z. B. eines Gegenstandes aus dem persönlichen Besitz: *en affektionsværdi.* → *real;* → *reel;* → *rational;* → *rationel.*

en igle kein Igel, sondern ein Blutegel; ein Igel ist *et pindsvin.*

en ildsluger ein Feuerschlucker (Gaukler); ein → *ildslukker* ist etwas anderes. → *at sluge;* → *en stemmesluger.*

en ildslukker ein Feuerlöscher, kein → *ildsluger.* → *at slukke;* → *at sluge;* → *stemmesluger.*

imidlertid jedoch; in der Zwischenzeit, mittlerweile: *i mellemtiden, imens.*

inderlig aus ganzem Herzen, tief empfunden: *min inderligste tak* mein tief empfundener Dank. *Hun hader ham inderligt.* Sie hasst ihn abgrundtief.

indlagt keine Gurke, sondern: im Krankenhaus. *Min nabo er lige blevet indlagt.* Mein Nachbar ist gerade ins Krankenhaus gekommen; *at indlægge* ins Krankenhaus einliefern. Ist man *tvangsindlagt* (= zwangseingewiesen), so hat das im übertragenen Sinne wenig mit Zwang oder Zwangsjacke zu tun, denn *tvangsindlagt* bedeutet dann, dass man eher unfreiwillig z. B. an einer Feier oder Veranstaltung teilnehmen muss.

et indlæg *et (trusse)indlæg* eine Slipeinlage; *et indlæg i avisen* ein längerer Beitrag in einer Zeitung meist von Personen, die nicht zur Redaktion gehören, ein wichtiges Element der Meinungsvielfalt in DK. → *kronik;* → *indslag;* → *bidrag.*

at indlægge → *indlagt.*

Indre Mission eine etwas „strengere“ Glaubensrichtung innerhalb der evangelisch-lutherischen Staatskirche (→ *folkekirke*), nicht zu verwechseln mit der deutschen Inneren Mission.

et indskud — kein Einschuss; *et indskud* ist eine größere Zahlung z. B. als Hinterlegung bei Mietverträgen oder bei Genossenschaftswohnungen = *andelsboliger;* → *andels-;* ein Einschuss(loch) ist *et skudhul.*

et indslag — Keine Einschläge zu befürchten; *et indslag* ist ein kürzerer Beitrag in den Medien: *et reklameindslag; et tv-indslag om valget i Tyskland.* Ein Beitrag im Fernsehen über die Wahl in Deutschland. → *et indlæg;* → *en kronik;* → *et nedslag.*

at indstille — 1. jemanden für einen Posten vorschlagen, einen Punkt auf der Tagesordnung vorschlagen; 2. einstellen (Uhr); 3. (z. B. Zahlungen) einstellen.

en indstilling — 1. eine Einstellung = *en holdning, en opfattelse*; 2. ein Vorschlag: *Man er nået til enighed om indstillingen af Peter Jensen til årets litteraturpris.* Man hat sich darauf geeinigt, Peter Jensen für den diesjährigen Literaturpreis vorzuschlagen.

indviklet — bedeutet nicht eingewickelt, sondern kompliziert.

ingeniørtropper — beim Militär sind das die Pioniere; → *pioner.*

en instruktør — 1. ein Regisseur (Film, Theater); 2. ein Trainer (z. B. Sport).

inhabil — *habil* bedeutet – getreu seinem lateinischen Ursprung – geschickt, qualifiziert; *inhabil* ist allerdings nicht ungeschickt, sondern befangen und nicht stimmberechtigt, z. B. bei einer Abstimmung oder Beschlussfassung.

at jage — 1. jagen; 2. hetzen, eilen; 3. *at jage noget igennem*: etwas durchpeitschen (z.B. ein Gesetz); et *jagerfly* ist dann aber ein Düsenjäger; → *at jagte.*

at jagte — 1. fahnden oder z. B. einen Verbrecher verfolgen; 2. intensiv nach etwas trachten, hinter etwas her sein: *at jagte verdensrekorden* nach dem Weltrekord trachten, um den Weltrekord kämpfen; → *at jage*.

janteloven eigentlich das „Gesetz von Jante", wobei *Jante* ein fiktiver Ortsname des Schriftstellers *Aksel Sandemose* (1899–1965) ist; *janteloven* bedeutet, dass man sich mit seinem Wissen und Können zurückhält, da man sonst leicht gemobbt werden kann. Der Ausdruck wird in Dänemark häufig verwendet, wenn Mittelmäßigkeit und Duckmäusertum angeprangert werden.

Jensen ist der mit Abstand häufigste Familienname. Deshalb entspricht *hr. og fru Jensen* oder auch → *lille fru Jensen* ungefähr dem deutschen Michel oder Otto Normalverbraucher.

Job Hiob (aus der Bibel): *et job* ist dann das, was man vermutet.

en journal die Patientenakte, der Krankenbericht von Krankenhauspatienten; eine Zeitung ist *en avis, et dagblad*, und ein Tagebuch ist ganz einfach *en dagbog*.

kakler Kacheln, allerdings meist in Möbelstücken (Tischen) und in Öfen. Nicht zu verwechseln mit → *fliser*; → *flis*.

kalk 1. Kalk; 2. (Abendmahls-)Kelch.

en kammerat im Singular Betonung auf der ersten Silbe – *især i København*: 1. ein Kamerad: *en klassekammerat, en studiekammerat, en legekammerat*; 2. ein Genosse. *Kammerater!* Genossen! Diese Anrede ist von den dänischen Sozialdemokraten inzwischen aufgegeben worden; sie wird aber in der linkssozialistischen *Socialistisk Folkeparti* (*SF*) und in der postkommunistischen *Enhedslisten* durchaus noch gebraucht. → *et kammerateri*.

et kammerateri Vetternwirtschaft, auch als *nepotisme* bezeichnet. → *en kammerat*.

kammerjunker sind kleine, runde Zwiebäcke, die in die Kaltschale gestreut werden.

kammertonen 1. der Kammerton, der Stimmton eines Instruments; 2. *at overholde kammertonen* den Kammerton einhalten und beachten: vor allem in Männergesellschaften die Aufforderung, bei Anwesenheit von Damen keine schlüpfrigen Witze (sog. Herrenwitze) zu erzählen.

en kamp ein Kampf. Im Sport allerdings ein Spiel, z. B. *fodboldkamp, tenniskamp;* Länderspiel *landskamp*; → *at spille;* → *at lege.*

en kandidat 1. ein Kandidat; 2. ein Akademiker; ein *cand. jur.* ist ein Volljurist, ein *cand. mag.* ist ein Philologe.

en kappe ein Umhang; eine deutsche Kappe ist im Dänischen *en hætte, en lille hue, en kalot*.

en kaptajn 1. Kapitän (auch Sport *holdkaptajn* und Luftfahrt); 2. *mil.* Hauptmann.

en karakter 1. ein Charakter; 2. eine Zensur, z. B. in der Schule; *karakterbog* Zeugnis. → *censur.*

en karl; Karl früher ein Knecht oder Landarbeiter, der heute eher als *landbrugsmedhjælper* bezeichnet wird; *en karl* kann auch so viel wie Kerl, Typ bedeuten; *karl* und der Vorname *Karl* werden sehr verschieden ausgesprochen. → *en knægt;* → *en ungkarl;* → *smart.*

Karl-Johan so heißt die Hauptstraße in Oslo, so heißen schwedische Könige und so heißt auch der wohl schönste Pilz, der Pilz an sich: der Steinpilz.

kartoffel Aus unerfindlichen Gründen ist die Kartoffel in der dänischen Metaphorik überrepräsentiert: *en heldig* *kartoffel* ein Glückspilz; *en varm kartoffel* ein heißes Eisen; *at hyppe sine egne kartofler* egoistisch auf den eigenen Vorteil bedacht sein; *kartoffeltysker*, kein Schimpfwort etwa im Sinne von „deutsche Kartoffelfresser". Der Begriff bezeichnet vor rund 250 Jahren eingewanderte Deutsche, die die Heidelandschaften in Jütland urbar machten. Eine Kartoffelnase bezeichnet man in Dänemark als *kartoffeltud*, und das ist kein Kompliment, und *kartoffelrækkerne* sind ein charmanter Stadtteil am Rande der Kopenhagener Innenstadt, Wohnsitz der Ministerpräsidentin Helle Thorning Schmidt (2014). → *en sofakartoffel;* → *et held;* → *heldig.*

karton

ist nur das Material, aus dem ein Karton hergestellt ist. Ein Karton als Behälter ist → *en (pap)kasse* auf Dänisch, aber zu einer Stange Zigaretten sagt man *en karton cigaretter.* → *en stang.*

en kasse

Betal venligst ved kassen. Bitte bezahlen Sie an der Kasse. An der Abendkasse: *ved indgangen*; *en kasse* ist daneben ein Karton, z. B. *en papkasse*, oder eine Holzkiste; *en kokasse* ist komischerweise ein Kuhfladen. Etwas überraschend anderes ist → *en kiste.*

at kassere

bedeutet ausmustern, aussortieren, wegwerfen; das Kassieren von Geld ist *at in(d)kassere* und *at opkræve.*

kavalergang

Ein *kavalergang* – eine deutsche Übersetzung gibt es nicht – ist die Rille dazwischen, bei einem Dekolletée also. Am besten, Sie fragen einmal einen Dänen oder noch besser: eine Dänin.

kedelig

1. langweilig: *Filmen var så kedelig.* 2. traurig, betrüblich: *en kedelig nyhed* eine traurige Nachricht (z. B. vom Tod eines Freundes).

en kendelse

durchaus eine Art Erkenntnis *(= en erkendelse)*: ein Gerichtsbeschluss. → *at erkende.*

en ketsjer ist ein Badminton- oder Tennisschläger. Für Tischtennis benutzt man in Dänemark *et bat*; *en ketsjer* sollte man als Angler allerdings auch immer dabei haben.

en kind die Backe, die Wange; ein Kind *et barn*, Kinder *børn*. → *en bakke.*

et kindben nicht von Kindesbeinen an oder so; es ist schlicht der Backenknochen. → *en kind.*

kineser ein Chinese. *Du milde kineser!* Dieser Ausruf drückt großes Erstaunen aus. Die armen Chinesen müssen auch für folgende Redewendung herhalten: *Han har ikke en kinamands chance.* Er hat nicht den Hauch einer Chance.

en kiste ein Sarg. Früher hießen Bestattungsunternehmen *ligkistemagasin* („Leichenkistenladen"); *en kiste* ist auch eine Truhe; *at have penge på kistebunden* (tief unten in einer Truhe) noch Geldreserven haben, etwas auf der hohen Kante haben. Aber → *(på) højkant.* → *kisteglad.*

kisteglad Es muss ein Geheimnis bleiben, warum *en kiste* zwar ein Sarg, *kisteglad* aber ausgelassen froh bedeutet. → *en kiste;* → *pavestolt.*

i kjole og hvidt im Frack. → *en frakke;* → *en habit.*

klam Neben feucht und klamm bedeutet es (sexuell) anstößig und peinlich.

et klammeri eine Schlägerei.

klinik ein extensiv gebrauchter Begriff im Dänischen, ähnlich wie → *direktør*: Man spricht von einer *tandlægeklinik*, Zahnarztpraxis, oder *fodklinik*, Fußpflegepraxis. Das Gleiche gilt bei einer Massagepraxis oder einer Praxis für Physiotherapie. → *praksis.*

en klinke ist eine hart gebrannte Fliese, z. B. als Bodenbelag in Fluren, Eingängen oder Arbeitsräumen; ein entsprechender Boden ist dann *et klinkegulv;* → *kakler;* → *fliser.* Die Türklinke dagegen ist *et (dør)håndtag*.

en klo wenn Sie so danach fragen, wird man Ihnen nicht helfen können; Sie sollten lieber nach *et toilet, et WC* oder – zugegeben: etwas umgangssprachlich – nach *et lokum* fragen*; en klo ist* eine Kralle, z. B. die einer Katze oder eines Adlers.

kloak nicht unbedingt eine Kloake, sondern allgemein das System der Abwasserrohre, das neben dem WC auch das Wasser der Küche, der Waschmaschine und der Dusche ableitet. Eine VVS-Firma macht Werbung damit, dass sie auch *KLOAK TV* anbietet, d. h. die Ermittlung des Zustands einer Abwasserleitung mittels einer kleinen steuerbaren Kamera. Abwässer sind *spildevand.* → *at spilde.*

et klubværelse kein Herrenzimmer alten, englischen Stils, sondern ein (unter)vermietetes Einzelzimmer.

knippelsuppe eigentlich: Knüppelsuppe, d. h. der Einsatz von mit Schlagstöcken (*knipler*) prügelnden Polizisten. Wenig kulinarisch sind auch → *messingsuppe* und → *glosuppe.*

knus kann die Befehlsform von *at knuse* sein: zerstören, vernichten; *et knus* ist allerdings ein freundschaftlicher Kuss. → *kram.*

en knægt liebevolle Bezeichnung für einen halbwüchsigen Jungen; → *en fyr;* zu Knecht → *karl;* → *at knægte.*

at knægte knechten, unterdrücken; aber: → *en karl;* → *en knægt*.

at koge *Hun koger.* Sie schäumt vor Wut. *Vandet koger.* Das Wasser kocht. – Dagegen: *Hun laver mad.* Sie kocht (und bereitet eine Mahlzeit zu).

en kolbe ein Kolben (Gewehr, Mais); der Kolben im Motor ist dagegen → *et stempel.*

kolonihave → *lysthus.*

at komme 1. kommen; 2. etwas hineintun: *Skal jeg komme sukker i kaffen?* Soll ich dir Zucker in deinen Kaffee tun? In der Bedeutung 2 in jedem Kochrezept zu finden.

at konfirmere 1. konfirmieren; 2. formell bestätigen = *at bekræfte; at gå til præst* wörtlich: zum Pastor gehen, richtige Bedeutung: zum Konfirmandenunterricht gehen.

kongens foged eigentlich der Beauftragte oder Bevollmächtigte (Vogt) des Königs; tatsächlich jedoch der Gerichtsvollzieher, der praktisch an jeder → *eksekution* beteiligt ist.

en konkurrence kann der deutschen Konkurrenz entsprechen; meist bedeutet es jedoch Wettbewerb, Wettstreit, Wettkampf.

en konsultation ärztliche Beratung in der Sprechstunde; → *træffetid;* → *taletid;* → *termin.*

kontant 1. *kontanter* Bargeld; 2. *Jeg betaler kontant.* Ich bezahle bar. 3. offen, ehrlich, direkt und sehr konsequent. *Som lærer er hun meget kontant over for eleverne.* Als Lehrerin ist sie sehr konsequent gegenüber ihren Schülern, sie lässt sich nicht auf der Nase herumtanzen. Vielleicht vermutet man zunächst eine Verwandtschaft mit *content* (engl. / franz.) oder *contento* (span.) = zufrieden, aber das ist im Dänischen *tilfreds.*

kontanthjælp ist die dänische Sozialhilfe, ungefähr wie Hartz IV.

et kontingent 1. ein (Monats-)Beitrag im Sportverein, beim *Røde Kors,* einer Partei usw.; 2. *et kontingent soldater.*

et kontorlandskab keine Ansammlung von Bürohochhäusern, sondern nur ein Großraumbüro.

en konvolut kein Bündel *(et bundt)* Akten oder Stapel *(en stak)* Papiere, nur ein einfacher Briefumschlag = → *kuvert;* → *omslag.*

et kors das (christliche) Kreuz *korset.* Entsprechend ist *et korstog* ein Kreuzzug; *korset* kann aber auch Korsett bedeuten; → *kryds.*

et kort Landkarte, Stadtplan, Spielkarte usw. Eintrittskarten sind *billetter.*

at kortlægge; kortlægning ein Problem einkreisen, eine Bestandsaufnahm machen; *kortlægning* (= Bestandsaufnahme) ist also keine „Patience" und auch keine Form der Wahrsagerei; → *kort;* → *status.*

kost kann zu etlichen Missverständnissen führen, denn die unterschiedliche Aussprache z. B. in *en kost / en fejekost* (Besen), *kost og logi,* → *kostskole* (Internat) oder in *tyvekoster* (Diebesgut) ist bedeutungsrelevant. → *kostbar;* → *kostskole.*

kostbar 1. kostbar (Schmuck, Edelstein); 2. sehr teuer, kostspielig: *en kostbar sag* eine kostspielige Angelegenheit.

en kostskole Die Vermutung, hier sei Schulgeld zu zahlen, trifft zu, nur ist die Herleitung eine andere; *kost* in *kostskole* kommt von *kost og logi,* also mit Unterkunft und Verpflegung; *en kostskole* ist demnach ein Internat. Dass diese Schule nicht kostenlos ist, steht auf einem anderen Blatt. → *kost.*

en kostume → *en spadseredragt.*

en krabbe ein Krebs; die Krankheit Krebs ist *kræft*; eine deutsche Krabbe ist → *en reje.* → *en landkrabbe.*

kram 1. verwandt mit Kram. *Kramboden* nennt sich mancher Secondhandladen. *Håndværkeren kan sit kram* ist ein hohes Lob; 2. *kram* ist aber auch eine liebevolle Umarmung: *knus og kram, at kramme.* → *knus.*

krank bedeutet nicht krank, denn das heißt *syg* auf Dänisch. In der festen, häufig verwendeten Wendung wie z. B. *hun fik en krank skæbne* (das Schicksal spielte ihr übel mit) ist es zu finden. Im Übrigen ist *en krank* als Substantiv das Tretlager bei einem Fahrrad.

kreatur Vieh; Viehhändler *kreaturhandler*, Viehtransport *kreaturtransport*. Kreatur, Geschöpf *en skabning.* → *at skabe.*

en kreds ein Kreis von Personen, z.B. *min bekendtskabskreds, en læsekreds.* Administrativ gibt es als Bezirk noch den *valgkreds* und *politikreds.* → *en cirkel;* → *et amt.*

at kremere hat nichts mit der Tätigkeit einer Visagistin zu tun, sondern bedeutet einäschern *(et krematorium).*

krig ist Krieg, aber: *at gå i krig med noget* bedeutet: energisch und konzentriert an eine Sache oder an ein Problem herangehen.

en kro – en krog *en kro:* ein Krug, eine Gastwirtschaft; *en krog:* ein Haken (z. B. für Kleidung) oder eine Ecke in einem Raum, in der man es sich z. B. gemütlich machen kann (*en hyggekrog*). Wichtig: In der Aussprache zwischen *kro* und *krog* ist ein für Deutsche kaum hörbarer, bedeutungsrelevanter Unterschied.

en kronik

keine Chronik, vielmehr ein längerer, essay-artiger Beitrag in einer Zeitung. Jedem steht diese Möglichkeit der Meinungsäußerung in den großen Medien offen – ein bedeutender Bestandteil des demokratischen Diskurses in Dänemark. Die deutsche Chronik ist eher *annaler* oder → *krønike;* → *indlæg.*

krudt

(Schieß-)Pulver; *en krudttønde* ein Pulverfass; *ukrudt* Unkraut. *Der er ikke meget krudt i ham.* Er ist lahm und ideenlos.

et kryds

ist z. B. das Kreuz(chen) in der Wahlkabine oder die Straßenkreuzung; *krydstogt* ist dann eine Kreuzfahrt und kein Kreuzzug; → *et kors.*

et kræmmerhus

müsste eigentlich das Wohnhaus eines kleinen Kaufmanns oder eines fliegenden Händlers sein. Mit *kræmmerhus* bezeichnet man allerdings die spitz zulaufenden Tütchen – oft in *Dannebrogs-*Rot-Weiß –, die am Weihnachtsbaum hängen (der übrigens mit vielen kleinen Nationalflaggen geschmückt wird) und Süßigkeiten enthalten.

at krænke

1. (die Gefühle, die Ehre) verletzen; 2. Vorschriften oder Regeln übertreten, verletzen. → *en krænkelse; at såre* hat die Bedeutung wie 1., außerdem körperlich verletzen: *et sår* eine Wunde (auch im übertragenen Sinne, wie ein Trauma).

en krænkelse

1. Verletzung einer Regel, eines Vertrages, eines Gesetzes; 2. Verletzung der Ehre oder der Gefühle einer Person. → *at krænke.*

en krønike

längerer chronologischer Bericht über Ereignisse z. B. in einer Familie: *en slægtskrønike* eine Familiensaga. → *kronik.*

at kulegrave

ganz ohne Schaufel und Spaten: hier wird nämlich etwas gründlich untersucht; *en kule* ist übrigens eine (Rüben-, Kartoffel-)Miete.

kur 1. Kur *(et kurophold, en slankekur)*; 2. Empfang und Begrüßung durch die Königin oder durch einen Minister; *at gøre kur til en person* jemanden aus Liebe heftig umwerben. → *nytårskur.*

en kuvert 1. ein Briefumschlag = → *konvolut;* 2. Gedeck (im Restaurant). → *omslag.*

kvaler Schwierigkeiten: *Opgaven voldte mig ikke de store kvaler.* Die Aufgabe stellte kein Problem für mich dar. → *at kvæle.* Eine Qual ist dann eher *en pine* oder *en plage.*

kvalme Übelkeit und das Gefühl, man müsse sich übergeben: *Jeg tror jeg får kvalme, når jeg ser ham.* Wenn ich ihn sehe, könnte ich mich übergeben. Qualm ist übrigens *(tyk) røg.*

at kvæle jemanden erwürgen oder ersticken; *kvælstof* ist dann logischerweise Stickstoff (N); quälen: *at torturere, at tortere.* → *kvaler.*

en kø eine Warteschlange und das Queue beim Billard; bei einem *køtilbud* stehen die Leute Schlange; → *slange.*

kølvandet eigentlich das Kielwasser eines Bootes (Kiel = *køl*); *i kølvandet på noget* ist im übertragenen Sinne das, was als Folge eines Ereignisses auftritt: *I kølvandet på revolutionen skete der mange overgreb.* In Verbindung mit der Revolution gab es viele Ausschreitungen. Kühlwasser ist übrigens *kølevand* oder beim Auto *kølervæske.*

kålrabi kein Kohlrabi, sondern eine Steckrübe; Kohlrabi ist *glaskål.*

en lade eine Scheune; *bogladen* (die Bücherscheune) ist der Name vieler Buchhandlungen, und *kirkeladen* heißt so manches Gemeindehaus, ohne unbedingt ein Dritte-Welt-Laden zu sein. Ein normaler Laden ist → *en butik, en forretning.*

lam *et lam* ein Lamm; das Lamm: *lammet*; aber *lammet* als adjektiv ist gelähmt, und *mundlam* ist kein leckeres Gericht, sondern bedeutet wenig gesprächig und mundfaul.

en landeplage ein populärer Schlager, ein richtiger Ohrwurm; → *en ørehænger.*

en landkrabbe eine Landratte. → *en krabbe;* → *en rotte.*

en landmand ein Landwirt, aber auch die ausgebildete Bäuerin / Landwirtin ist in Dänemark *en landmand.* → *formand;* → *sygeplejerske.*

en landvinding bedeutet ursprünglich, dass man dem Meer neues Land abtrotzt. Heutige Bedeutung: ein Fortschritt auf einem bestimmten Gebiet; *en teknologisk landvinding. Kvindernes valgret i 1915 var en stor politisk landvinding.* Die Einführung des Frauenwahlrechts 1915 war ein bedeutender politischer Fortschritt.

laster sind schlechte Angewohnheiten; der deutsche Laster (LKW) ist *en lastbil.*

latin Grundbedeutung: Latein; *det er god latin* das ist richtig, allgemein üblich und akzeptiert; *det er løgn og latin* das ist erstunken und erlogen.

ledig, ledighed 1. arbeitslos; neben *ledig* wird auch *arbejdsløs* gebraucht, *ledighed* Arbeitslosigkeit. 2. frei. *Der er to ledige stole / pladser endnu.* Da sind noch zwei freie Stühle / Plätze. Das deutsche ledig = unverheiratet ist *ugift.* → *gift.*

en leg; at lege ein Spiel; (frei) spielen, z. B. im Sandkasten; für das Spielen nach Regeln (z. B. Bridge, Fußball, Monopoly) → *at spille;* → *en kamp.*

at leje mieten; *til leje* zu vermieten, *lejekontrakt* Mietvertrag. → *at låne.*

lektier, lektielæsning *at læse lektier* Hausaufgaben machen. → *at læse.*

en lektor; et lektorat ein Gymnasiallehrer (Oberstudienrat / Studiendirektor), aber auch akademischer Universitätsmitarbeiter; *et lektorat* bezeichnet eine entsprechende Stellung in Gymnasien und Universitäten.

en levebrødspolitiker Berufspolitiker, der schon seit jungen Jahren nie „richtig" gearbeitet hat, wie manche meinen.

en levevej ist kein Lebensweg, sondern die Art und Weise, wie man ganz gut sein Geld verdient; ein Lebensweg ist *liv, biografi, karriere* oder *løbebane.* → *cv.*

liderlig ist extrem auf die Sexualität fixiert. → *fræk.* Das deutsche liederlich wäre *rodet, snavset, væmmelig.*

en liebhaverbolig, en liebhaverejendom ein in der Regel völlig überteuertes Wohnobjekt, das durch seine Architektur, Geschichte oder Lage durchaus etwas Besonderes haben kann. Ein (richtiger) Liebhaber ist *en elsker.* → *et håndværkertilbud.*

en lied naja, ein Lied ist es schon, aber eingeschränkt auf das sog. Kunstlied, z. B. von Franz Schubert oder Hugo Wolf: Sologesang mit Klavierbegleitung. Ein Lied im Allgemeinen ist *en sang,* und das dänische Liedgut ist *den danske sangskat.*

liggetid im Krankenhaus: Verweildauer; bei Verkauf eines Hauses ist es die Zeit zwischen dem annoncierten Verkaufsangebot und dem tatsächlichen Verkauf.

en ligtorn ein Hühnerauge, wörtlich ein Dorn an einem Körper (*lig* veraltet für Körper). Im übertragenen Sinn der wunde Punkt, die Schwachstelle einer Person: *Der har du ramt hans ligtorn!* Da hast du aber seinen wunden Punkt erwischt! Trete ich jemandem auf die Hühneraugen, *så træder jeg én over tæerne* (die Zehen). → *en fodfejl.*

lille fru Jensen

Herr Meier von nebenan, Otto Normalverbraucher (mit bescheidenem Einkommen). → *Jensen* ist der mit Abstand häufigste Name in Dänemark. → *Per og Poul.*

en lilleskole

ist eine meist kleine Privatschule; nicht zu verwechseln mit *en lille skole.*

listig

et listigt sted ist eine kleine, gemütliche Kneipe oder ein gutes, familiäres, nicht überlaufenes Restaurant.

et lokale

außer einer Tasse Kaffee (z. B. bei einer Besprechung oder Konferenz) wird hier nichts serviert; *et lokale* ist ein Raum. *Vi mødes i lokale 35 på rådhuset.* Wir treffen uns im Rathaus, Zimmer / Raum 35.

en lokalplan

da werden Sie keinen Stadtplan erhalten, und Sie werden auch nicht erfahren, wo in der Gaststätte sich die Kegelbahn oder die Toiletten befinden; *en lokalplan* ist der Bebauungs- und Entwicklungsplan einer Kommune. Wünschen Sie einen Stadtplan von Odense, so ist *et by-kort over Odense* die richtige Bezeichnung. → *at plane.*

en lokumsaftale

keine Verabredung zum gemeinsamen Toilettenbesuch, sondern Vorab-Absprachen, die in Hinterzimmern stattfinden. → *en studehandel.*

en lomme, lommesmerter

→ *en taske.*

en lommelærke

eine Lerche in der Tasche? Dahinter versteckt sich der deutsche Flachmann; → *taske.*

Long John

typisch dänisches Botenfahrrad; *Long John* kann auch die Bedeutung von langen (Ski-)Unterhosen haben.

lykke Glück als Gefühlszustand: Glück in der Liebe usw. *En lykkens pamfilius* ein Glückspilz. → *kartoffel.* Zeile aus einem berühmten Lied: *"Lykken er ikke det værste man har, og om lidt er kaffen klar."* → *held;* → *heldig.*

et lysthus; en lystbåd; en lystfisker kein Bordell, sondern eine Gartenlaube in einem Schrebergarten (*kolonihave*); entsprechend ist *en lystbåd* eine Segeljacht und *en lystfisker* ein Hobbyangler oder Freizeitfischer.

lækker lecker; auf Personen bezogen: attraktiv, sexy: *en lækker pige.* Sogar *et køkken* kann *lækkert* sein. → *ulækker.*

lænker sind Fesseln; *at lænke* fesseln, anbinden. Der Lenker des Autos ist *et rat*, der eines Fahrrades *et styr*.

en lærer → *pædagog.*

at læse 1. lesen; 2. studieren; *Hun læser medicin = Hun læser til læge.* Sie studiert Medizin. → *læseplaner.*

en læsehest eine Leseratte; → *en bogorm;* → *en rotte.*

læseplaner Studienplan, Lehrplan, z. B. für das Fach Englisch. → *at læse.*

at låne etwas leihen, verleihen oder ausborgen (ohne Geld); *et lånerkort* eine Leihkarte (Bibliothek). Man sagt sogar: *Må jeg godt låne telefonen?* Kann ich bei euch mal telefonieren? *Må jeg låne toilettet?* Darf ich mal eure Toilette benutzen? → *at leje.*

m^2 ist ein Quadratmeter nördlich und südlich der Grenze. Und doch gibt es einen wichtigen Unterschied, der bei Unkenntnis fast zwangsläufig zu Missverständnissen und Streitigkeiten führen muss: bei Angaben der Wohnfläche, z. B. einer

Wohnung, berechnen die Dänen die Brutto-Maße, also inkl. Wände. In Deutschland misst man die Netto-Innenmaße. Das heißt: eine dänische Wohnung mit 100 m^2 Wohnfläche würde in Deutschland nur als eine Wohnung mit ca. 90 m^2 angegeben. Siehe auch → *benzinforbrug*.

en makker ist kein deutscher „Macker", sondern ganz neutral ein Partner, mit dem man zusammenarbeitet. *Vi er / danner et makkerpar.* Wir sind Partner, wir arbeiten zusammen.

et maleri ist kein Malerbetrieb (= *malerforretning*), sondern ein Gemälde. → *farve*.

mandig – mandlig *mandig* mutig, beherzt; *mandlig* männlich (als Gegenteil von weiblich).

at markere 1. in der Schule, in einer Versammlung: sich melden; 2. etwas kenntlich machen, hervorheben: *Ulykken ved Fukushima markerer startskuddet til en bæredygtig energipolitik.* Das Unglück von Fukushima kennzeichnet den Beginn einer nachhaltigen Energiepolitik. Markieren im Sinne von so tun als ob: *at lade som om, at foregive, at filme.*

matador zunächst die gleiche Bedeutung wie im Deutschen, dann bedeutet es aber eine schnell zu Reichtum gekommene Person in der Wirtschaft, z. B. ist *en byggematador* ein Baulöwe. Außerdem ist es die dänische Bezeichnung für das Spiel Monopoly.

Matador Titel der erfolgreichsten dänischen TV-Serie, die unzählige Male wiederholt und *folkeeje* wurde, d. h. Teil der dänischen Nationalkultur. Wikipedia.dk erzählt von dieser Erfolgsgeschichte.

at matche vom Englischen her vermutet man, es müsse etwas mit einem sportlichen Wettkampf zu tun haben, was es auch sein kann; neuerdings bedeutet *at matche* aber in erster Linie entsprechen, zueinander passen: *Hendes skjorte matcher med bukserne.* Ihre Bluse passt zu ihrer Hose.

materiale – materiel Das Erste ist das Material, das Zweite bezeichnet die technische Ausrüstung, z. B. der Feuerwehr oder des Militärs.

en materialist weitere Bedeutung: Drogist. Die dänische Drogeriekette *MATAS* setzt sich aus *materialist* und *A/S* (*aktieselskab* Aktiengesellschaft) zusammen.

materie 1. Eiter (in einer Wunde); 2. Materie = Stoff; 3. Materie = Thema.

matrikel 1. Grundbuch; 2. Verzeichnis der Studenten.

en maurer ist kein Handwerker, sondern eine Person aus der Volksgruppe der Mauren (Südspanien).

en mave 1. Magen; 2. Bauch; *mavefornemmelse* Bauchgefühl; ein mit Würde und einem gewissen Stolz getragener Bauch eines Mannes ist ein *borgmestermave*, ein „Bürgermeisterbauch".

en mening 1. eine Meinung: *efter min mening* meiner Meinung nach; 2. ein Sinn: *det giver ingen mening; det er meningsløst* das ist sinnlos. *Hvad er meningen?* Was soll denn das?

meritter anders als im franz. *mérite*: 1. schriftliche Nachweise von Qualifikationen, die u. U. auf Ausbildungsgänge angerechnet werden (*merituddannelse* zum Lehrer, zur Krankenschwester usw.); 2. ironische Bezeichnung für sog. „Verdienste", die sich jemand erworben und sich dabei nicht mit Ruhm bekleckert hat.

messingsuppe Blasmusik; → *knippelsuppe*; → *glosuppe*.

(en) middag Grundbedeutung ist Mittag(essen). Aber: Wenn Sie zum *middag* eingeladen werden, kommen Sie auf keinen Fall vor 19 Uhr. Ein *middag* ist nämlich ein etwas festlicheres Abendessen mit Gästen. Mit der Ganztagsarbeit von Frauen hat sich *middag* auf den Abend verlegt. Das normale (warme) Abendessen heißt *aftensmad*. Ein leichtes Mittagessen ist dagegen → *en frokost*.

et miljø

Umwelt im ökologisch-politischen Sinn: *miljøbevægelse, miljøaktivister, miljøparti* usw.; daneben die Verhältnisse, unter denen Menschen leben: *det borgerlige miljø, byens kriminelle miljø.* → *forurening;* → *omverdenen.*

et mimrekort

at mimre zucken, zittern, fast auch jammern, wie man es sehr alten Menschen zuschreibt; *et mimrekort* ist also eine Seniorenkarte (Bahn, Bus, Theater usw.).

mis

Kosename für Katzen. → *vovse.*

mobil

1. mobil; 2. Handy, Mobiltelefon.

morgenfruer

sind keine eleganten Damen im Morgenmantel, sondern Ringelblumen (Calendula).

en mosegris

eigentlich ein Moorschweinchen; es ist eine Wühlmaus.

at motivere; en motivation

neben motivieren und Motivation bedeutet es begründen und Begründung: *Han havde et forslag og kunne udmærket motivere det.* Er konnte seinen Vorschlag ausgezeichnet begründen.

en mursten

1. ein Ziegelstein; 2. ein sehr dickes Buch (Roman), ein Wälzer.

en muskelhund

ein Kampfhund. → *bodegamuskler.*

myndig

1. volljährig; 2. *myndig* ist jemand, der überzeugend, kompetent und mit einer natürlichen Autorität auftritt. → *en myndighed.*

en myndighed

1. eine Behörde, eine Dienststelle, ein Amt. *For at forny dit pas, må du henvende til myndighederne.* Wenn du deinen Pass verlängern willst, musst du dich an die Behörden wenden. 2. die (natürliche) Autorität, Kompetenz. *Hun optræder med stor myndighed.* Sie tritt selbstbewusst und kompetent auf. → *myndig.*

mystisk

1. mystisch; 2. seltsam, eigenartig, komisch; wird im Dänischen häufiger gebraucht als das deutsche Pendant: *Hvorfor kommer han ikke? Det er mystisk.* Warum kommt er nicht? Das ist ja eigenartig. *Den her gryderet ser nok noget mystisk ud.* Dieser Eintopf sieht schon etwas seltsam aus.

en myte

1. ein Mythos; 2. eine Legende im Sinne einer letztlich unwahren, aber verbreiteten Auffassung. Im Internet gefunden: *Det er en myte, at man bliver topkreativ eller blind af at drikke.* Die Annahme, dass Trinken uns superkreativ oder blind macht, ist falsch. *Der findes mange myter omkring det franske køkken.* Über die französische Küche gibt es eine reiche Legendenbildung.

nature morte

keine (französische) Umweltkatastrophe, sondern die dänische Bezeichnung für ein Stillleben.

et nedslag

ein Einschlag, z. B. Granate oder Blitz; *et nedslag* kann auch ein Preisnachlass sein. Der Niederschlag (Regen, Schnee) ist *nedbør.* → *et indslag.*

norden; Norden

der Norden, z. B. in *nordenvind,* wo *norden* klein geschrieben wird. Mit einem Großbuchstaben bekommt es andere, historisch-emotional aufgeladene Bedeutung: *Norden* bedeutet Skandinavien im Sinne der geistigen Nähe aller skandinavischen Brudervölker. Wer *Norden* sagt, da spricht das Gefühl, und wer stattdessen *Skandinavien* sagt, da spricht die Rationalität. → *Grundtvig,* S. 135.

en nordmand — ein Norweger oder eine Norwegerin. Plural: *nordmænd*. → *en franskmand*; → *en formand*; → *en sygeplejerske*.

nullermænd — keine männlichen Nullen; es sind die Flusen und „Wollmäuse“ unter dem Sofa.

nytårskur — keine Kur nach dem reichlichen Essen der Feiertage. Es ist der festliche Neujahrsempfang der dänischen Königin. → *kur*.

næring — bedeutet zunächst Nahrung. *De næringsdrivende* sind dann aber Handels- und Gewerbetreibende. So ist *næringsliv* ein etwas älterer Ausdruck für die Privatwirtschaft, und *næringsfrihed* ist Gerwerbe- und Niederlassungsfreiheit für Handel und Handwerk.

en næse — 1. eine Nase; 2. ein Rüffel, auch *reprimande* oder → *opsang*.

en nøddeskal — *i en nøddeskal* (= engl.: in a nutshell). *Det er sagen i en nøddeskal*. Das ist – einfach gesagt – der Kern der Sache.

en nøgle, et nøgle — *en nøgle* ein Schlüssel; *et nøgle* ein (Woll)Knäuel. → *garn*, *garnnøgle*.

at observere — 1. etwas beachten, Regeln und Vorschriften einhalten; 2. beobachten.

olde-, en oldfrue — *En oldfrue* kann auch recht jung sein. Die Dame kümmert sich um allerlei Praktisches in Institutionen oder einer Dienststelle, z. B. Kaffeekochen oder Ausgabe von Bettwäsche in einem Krankenhaus u. v. a. Zu *oldefar, oldemor, tipoldefar* oder gar *tiptiptipoldemor* fragen Sie bitte eine Dänin.

oldnordisk — das Altnordische in Sprache und Kultur. In der ironischen Verwendung allerdings: veraltet, zopfig, nicht mehr zeitgemäß. → *barok*.

oldtid die griechisch-römische Antike, als Schulfach: *oldtidskundskab*; → *alderdom.*

et omslag Schutzumschlag eines Buches oder ein medizinischer (warmer) Umschlag zur Linderung von Schmerzen; ein Briefumschlag ist dagegen → *en konvolut.*

omsonst vergeblich; kostenlos wäre *gratis* oder auch *fri.*

omverdenen die Umwelt im Sinne der Außenbeziehungen von Menschen. Aber: die zu schützende Umwelt (Natur) → *miljø.*

en operatør kein Arzt, vielmehr eine Person, die komplizierte technische Apparate bedient: *filmoperatør, edb-operatør* (IT-Branche).

opførelse / opførsel Beides kann leicht verwechselt werden: *en (ur)opførelse* ist z. B. eine Theater(ur)aufführung; *en opførsel* ist das Benehmen: *Hans opførsel er skandaløs og under al kritik.* Er benimmt sich einfach unmöglich. → *udtale / udtalelse.*

ophold 1. Aufenthalt; 2. *Han tjener penge til livets ophold.* Er verdient Geld, um seinen Lebensunterhalt zu bestreiten. 3. *opholdsvejr* aufklarendes Wetter nach einer Periode mit Regen.

opmærksom ist nicht nur aufmerksam (= *lydhør*) wie in *den opmærksomme lytter* der aufmerksame Zuhörer; *at være opmærksom på noget* bedeutet auf etwas achten, etwas beachten: *Vær opmærksom på, at det sidste S-tog kører kvart over midnat.* Bitte beachten Sie, dass die letzte S-Bahn um Viertel nach 12 (Mitternacht) fährt.

en opsats kein Schulaufsatz, vielmehr ein Gestell auf dem Tisch oder der Kommode für Früchte oder Blumen. Aufsatz in der Schule: → *en stil.*

oprømt

kein aufgeräumtes Kinderzimmer, sondern in einer etwas älteren Bedeutung nur eine kontaktfreudige, gesprächige Person; aufräumen *at rydde op: Nu er der ryddet op på børneværelset.* Jetzt ist das Kinderzimmer aufgeräumt. Unaufgeräumt: *Værelset er ikke særlig ryddeligt.*

en opsang

kein Akt der leisen Töne; *en opsang* ist eine recht barsche Zurechtweisung. → *en næse.*

en opskrift

ein Rezept zum Backen und Kochen; bei Krankheit stellt der Arzt → *en recept* aus; eine Aufschrift wäre *en påskrift.*

orden

1. Orden (Medaille); berühmt ist die Aussage *Ordener hænger man på idioter.* 2. Ordnung. Mindestens ebenso häufig hört man in Dänemark mit einem gewissen Unterton „Ordnung muss sein." → *at ordne;* → *en ordning.*

at ordne

etwas regeln, sich um etwas kümmern; auch etwas ordnen, z. B. etwas in eine Reihenfolge bringen. *Det ordner jeg.* Darum kümmere ich mich, das regele ich. *Jeg skal nok komme og ordne dig!* Dir werde ich mal ganz gehörig den Kopf waschen!

en ordning

eine Regelung, eine Absprache, eine Vereinbarung. *SFO = skolefritidsordning; en madordning* kann z. B. darin bestehen, dass kein Schweinefleisch auf den Tisch kommt, dass zu bestimmten Zeiten gegessen wird oder dass es freitags Fisch gibt. → *orden;* → *samfund;* → *selskab;* → *at ordne.*

orientering

war in der Schule nicht die Berufs- oder Ausbildungsberatung, sondern seit 1976 über mehr als 30 Jahre das Schulfach Weltkunde und Politische Bildung (z. T. inkl. Geografie und Geschichte). Seit kurzer Zeit gibt es wieder die Fächer *geografi, historie* und *samfundsfag* auf verschiedenen Klassenstufen. Daneben bedeutet es Orientierung, Überblick oder Information.

at overgive sig

sich ergeben, kapitulieren (auch in einer Diskussion gegenüber den besseren Argumenten); sich übergeben wäre *at kaste op, at brække sig*; → *at give*.

at overhøre, en overhøring

1. etwas überhören: Er überhörte alle Warnungen. *Han overhørte alle advarsler.* 2. in Prüfungen: das Wissen prüfen, jemanden abfragen, abhören, z. B. Vokabeln. → *at afhøre, en afhøring*.

en pakning

1. das Packen oder Einpacken: *Du betaler ekstra for pakning og levering*. 2. eine Dichtung, z. B. bei Wasserrohren.

en pamper

gehört nicht zur Babyausstattung; es ist vielmehr die kritisch-negative Bezeichnung für einen (Partei- oder Gewerkschafts-)Boss.

en pande

1. eine Stirn; 2. eine Pfanne. Als *fladpandet* (= mit einer flachen Stirn) bezeichnet man primitiv argumentierende Menschen.

en panser

1. Panzer (der Schildkröte); 2. „Bulle", herabsetzende Bezeichnung für Polizisten. → *tank*.

pap

Irgendwie haben die Dänen ein besonderes Verhältnis zu Pappe, denn das Wort wird recht vielfältig gebraucht, z. B. *at skære ud i pap* in Pappe ausschneiden, aber eigentlich: jemandem etwas unmissverständlich klarmachen. Des Weiteren gibt es eine besondere dänische Pappente *(en papand): Det rager mig en papand hvad han mener om mit parti.* Das ist mir sowas von egal, was er von meiner Partei hält. Oder → *papfar, papmor* sowie *papvin* (Literwein in Kartons). Das deutsche „Das war nicht von Pappe" ist *Det var ganske imponerende, det var slet ikke så tosset*.

papegøjen

der Papagei; *at skyde papegøjen* den Vogel abschießen; *papegøjeplader* sind gelb-weiße Nummernschilder bei PKWs, was steuerliche Gründe hat.

papfar, papmor

Stiefvater, Stiefmutter; *papfar* und *papmor* klingt irgendwie liebevoller als *stedfar* und *stedmor.* (Neuerdings wird auch *bonusfar* usw. benutzt.) Entsprechend gibt es *papbror, papsøster;* → *delebarn;* → *deleforældre;* → *pap.*

papirløs

nichts Illegales wie in Frankreich *les sans-papiers; et papirløst ægteskab* ist nur ein Zusammenleben ohne Trauschein.

paraplyorganisation

paraply = Regenschirm; *en paraplyorganisation* ist dann allerdings eine Dachorganisation, ein Dachverband. Ein Schirmherr ist *en protektor,* und unter der Schirmherrschaft von ... ist *under protektion af ...*

pariserhjul

et hjul = ein Rad, aber *pariserhjul?* Es ist ein Riesenrad auf dem Jahrmarkt; → *et tivoli;* → *en rutsjebane.*

patetisk

gehört zu den *pendulord* (S. 126) wie → *bjørnetjeneste,* denn es bedeutet 1. pathetisch und 2. neuerdings auch jämmerlich, erbärmlich.

partisansøm

eigentlich: Partisanennägel; es handelt sich um Fahrbahnabsperrungen mit einer Nagelkette – ganz legal – durch die Polizei.

et pastorat

ist der Dienst- und Pfarrbezirk eines Pastors (= *et sogn*). Die Dienstwohnung des Pastors ist dagegen *en præstegård.*

pavestolt

superstolz und strahlend; eigentlich: stolz wie der Papst; ebenso aufmalend ist → *kisteglad.*

en pebermø – en pebersvend

herabsetzender Ausdruck für eine Junggesellin bzw. für einen Junggesellen. → *ungkarl.*

peberrod – peberfrugt

peberrod ist eigentlich die Wurzel der Pfefferpflanze, aber weit gefehlt: Es ist Meerrettich. Und *peberfrugt* ist ebenfalls nicht die Frucht des Pfefferstrauchs, sondern Paprika, wobei *Paprika* in Dänemark ein Mädchenname ist; eine bekannte Schauspielerin heißt *Paprika Steen*.

en halv pelikan „ein halber Pelikan" bedeutet, dass ein sehr kräftiger Wind weht.

en pendel oder **et pendel** kein Pendel, sondern eine Lampe, die von der Decke hängt; ein Pendel ist *et pendul*. → *bjørnetjeneste (pendulord)*.

penibel nicht penibel, sondern eher peinlich, heikel, prekär: *en penibel sag* eine peinliche Angelegenheit, *og derfor befinder han sig i en penibel situation* ... und deshalb befindet er sich in einer heiklen Lage. Das deutsche penibel ist *pertentlig, yderst omhyggelig, korrekt*.

en pensel – en pencil Der Unterschied in der Aussprache ist kaum hörbar: das Erste ist ein Pinsel, das Zweite ein Drehbleistift. → *pinsel*.

en pension so heißen alle Altersbezüge in Dänemark bis hin zur staatlichen Grundrente, der → *folkepension*; → *rente*.

Per og Poul Hinz und Kunz. → *lille fru Jensen*.

permanente ist die gute alte Dauerwelle.

personale – personel *personale* Personal; *personel* Soldaten und sonstige Militärpersonen.

ph.d., PhD entspricht in etwa dem deutschen Doktortitel. Ein Doktorand ist demnach *en ph.d.-studerende*. Hat / Ist er promoviert? *Har han taget en doktorgrad?* → *dr.*; → *at promovere*.

pik ist jedenfalls nicht die Spielkartenfarbe Pik, und mit dem Autokennzeichen PI-K ... sollten Sie Dänemark meiden. → *spar*.

en piccolo

in Dänemark nicht nur der uniformierte Hotel-Boy, sondern auch eine junge Aushilfskraft für einfache Arbeiten z. B. in einem Büro. Das weibliche Pendant heißt *piccoline*.

en pinsel

eine Qual, ein Leiden (*at pine*); ein Pinsel ist im Dänischen → *en pensel*.

en pioner

ein Pionier im Sinne eines Wegbereiters *(→ en foregangsmand):* im militärischen Bereich sind dänische Pioniere *ingeniørtropper*.

pisk

ist eine Peitsche, aber *piskefløde* ist Schlagsahne. Das deutsche „Zuckerbrot und Peitsche“ wird im Dänischen zu *„pisk og gulerod“; gulerod* = Karotte. Das Schleudertrauma ist *piskesmæld* (= Peitschenknall).

en plamage

keine Blamage, sondern Feuchtigkeitsflecken, z. B. im Keller oder auf der Tischdecke; eine Blamage ist *en pinlighed*; das dänische *blamage* eher ein peinlicher Fehler, z. B. ein Übersetzungsfehler: *Der var flere blamager i oversættelsen.* Die Übersetzung enthielt eine Reihe von peinlichen Fehlern.

at plane

etwas planen ist es nicht; *at plane* steckt dagegen in Aquaplaning sowie dem gleitenden Schweben oder dem Über-das-Wasser-Gleiten; planen ist *at planlægge* oder *at have planer om noget: Kommunen planlægger en ny motorvej.* Die Kommune plant den Bau einer neuen Autobahn. *Vi har planer om at tage til Grækenland i sommerferien.* Wir haben die Absicht, in den nächsten Sommerferien nach Griechenland zu fahren. → *en lokalplan*.

en plantage

In Dänemark kann sie z. B. aus Apfelbäumen bestehen; oft bedeutet *plantage* aber Forst bzw. forstwirtschaftlich genutzter Wald. In der Nähe von Padborg kennen wir das Naherholungsgebiet *Frøslev Plantage*.

en plattenslager hat nichts mit Schlagern und Schallplatten zu tun; *en plattenslager* ist ein Betrüger und kleiner Hochstapler.

et point ein (zählbarer) Punkt, z. B. im Sport und bei Wettbewerben; *en pointsejr* ein Sieg nach Punkten, ein Punktsieg; punkten (im Sport, argumentativ bei der Diskussion) *at score points.* → *et punkt;* → *et punktum;* → *en prik.*

en polak, flere polakker ein Pole oder eine Polin, mehrere Polen oder Polinnen; *polak* (Betonung auf der zweiten Silbe) hat im Dänischen keinen negativen Unterton; anders ist es, wenn man die erste Silbe betont. → *sigøjner.*

en politimester kein Wachtmeister der guten alten Zeit, sondern ein leitender, hochrangiger Akademiker (Jurist) im Polizeidienst.

en portør war früher – auch in Dänemark – ein Kofferträger im Bahnhof. Die heutige Bedeutung: ein meist männlicher Mitarbeiter, der für den Transport von Patienten, Betten, Geräten und Inventar innerhalb eines Krankenhauses zuständig ist.

et postbud ein Postbote; aber Vorsicht: im Dänischen ist der Postbote / die Postbotin geschlechtsneutral, also *et postbud.*

praksis 1. Praxis (Gewohnheit, übliches Verfahren usw.) → *rutine;* 2. Arztpraxis und Zahnarztpraxis, die aber auch *tandlægeklinik* heißen kann. Bei allen anderen nicht-akademischen Berufen sagt man statt *praksis* → *klinik.*

praliné, praline ist nicht ganz dasselbe wie im Deutschen: die dänischen *pralinéer* sind Schokoladenstücke mit Mandel- oder Nussfüllung. Die deutschen Pralinen sind eher *fyldte chokolader.*

et pres, at presse psychische Belastung, psychischer Druck: *Hun føler et voldsomt pres på arbejdspladsen.* An ihrem Arbeitsplatz fühlt sie sich einem enormen Druck ausgesetzt; *at presse nogen, at udsætte nogen for pression* jem. unter Druck setzen. → *tryk.*

at prikke 1. (ein kleines Loch) stechen; 2. *at prikke nogen på skulderen* jemandem auf die Schulter tippen; 3. *at blive prikket* entlassen werden; *en prikkerunde* eine (kleinere) Entlassungswelle, wo einem der Chef auf die Schulter tippt und sagt: „Jetzt ist die Reihe an dir." → *en prik, prikket.*

en prik; prikket ein Punkt (im Sinne von Pünktchen); punktiert, gepunktet: *en prikket linje* eine punktierte Linie, *en rødprikket kjole* ein rot gepunktetes Kleid. → *at prikke;* → *et punkt;* → *et point;* → *at punktere.*

en primus ist nicht der Klassenbeste, sondern ein kleiner Gaskocher.

at printe (am Computer) drucken, ausdrucken; ein Drucker (am Computer) *en printer.* → *at trykke;* → *at udskrive.*

en produkthandler schwer zu erraten: Es ist ein Schrott- oder Altpapierhändler.

en procedure hat nicht den Beigeschmack einer „Prozedur". Es bedeutet 1. eine Vorgehensweise, 2. ein Plädoyer des Staatsanwalts oder des Verteidigers in einem Prozess.

at promovere etwas fördern und voranbringen, z. B. durch eine Werbekampagne; *selvpromovering* bedeutet demnach, dass sich jemand selber in den Vordergrund schiebt und seine eigenen Interessen durchsetzt. Zum deutschen Promovieren → *dr.,* → *PhD.*

p.t., pro tempore gegenwärtig, zurzeit, zzt.

public service ist nicht der Öffentliche Dienst; *public service* wird gerne in Verbindung mit dem staatsnahen (aber nicht parteinahen) *Danmarks Radio (radio og fjernsyn)* verwendet. Dagegen: *Hun er ansat ved det offentlige.* Sie ist im Öffentlichen Dienst beschäftigt.

puder sind Kissen; der Puder ist dagegen *pudder.*

pulveriserende meist eine unfreiwillig komische Verwechselung mit *pulserende*, z.B. *det pulveriserende københavnske natteliv* das pulsierende Nachtleben in Kopenhagen.

et punkt ein Punkt, allerdings nicht in allen Bedeutungszusammenhängen: *et punkt på dagsordenen* ein Punkt auf der Tagesordnung. → *et punktum;* → *et point;* → *at punktere;* → *en prik..*

at punktere 1. intransitiv: eine Panne haben (Fahrradreifen, Autoreifen); 2. transitiv: *at punktere noget* etwas widerlegen, zurückweisen, entkräften. *Det var nemt nok, at punktere hans argumentation.* Es war recht einfach, seine Argumentation zu widerlegen. → *et punkt;* → *et punktum;* → *et point;* → *en prik.* Das vermutete Verb punktieren, also mit Pünktchen versehen, ist im Dänischen *at sætte prikker.* In der Medizin ist punktieren *at foretage en punktur.*

punkterfri abgeleitet von → *at punktere* (intransitiv): pannensicher (bei Fahrradreifen), auf Neudeutsch auch: unplattbar.

et punktum ein Punkt, z. B. am Ende des Satzes; im übertragenen Sinne: *at sætte punktum for noget* etwas abschließen, beenden. *Med disse ord satte hun punktum for diskussionen.* Mit diesen Worten beendete sie die Diskussion. → *et punkt;* → *et point;* → *en prik.*

pusle-

et puslespil ist ein Puzzle; *et puslebord* ist dagegen ein Wickeltisch, und *et puslerum* (z. B. in einer Autobahnraststätte) ist ein Wickelraum.

en pædagog

Wird jemand ganz allgemein nach seinem Beruf gefragt und die Antwort lautet: *Jeg er pædagog,* so ist er mit Sicherheit kein Lehrer, sondern arbeitet in einem Kindergarten, in einer Erziehungseinrichtung, in einem Freizeitheim oder im nachmittäglichen Freizeitbereich einer Schule *(SFO)*. Ein *folkeskole*-Lehrer wird sich als *lærer* bezeichnen; ein Studienrat dagegen wird großen Wert darauf legen, als *gymnasielærer* und nicht „nur" als *lærer* tituliert zu werden. → *akademiker.*

radikal

in der Politik bedeutet es gemäßigt links-liberal und nach allen Seiten offen; die entsprechende Partei heißt *Radikale Venstre*, was eigentlich „linksradikal" bedeutet, aber nicht ist, eher im Gegenteil. Politiker der äußersten Linken nennt man *venstreorienteret.* → *Venstre.*

radio

1. Radio; 2. Funk; *radioforbindelse* Funkverkehr; *en radiobil* ist ein elektrischer Autoscooter auf dem Jahrmarkt, gelegentlich auch ein Polizeiauto (meist *politibil* oder *patruljevogn*) oder ein Taxi.

et ramaskrig

kein Schrei nach der guten alten Rama-Margarine, sondern ein Aufschrei des Protestes und der Empörung.

at ramme

treffen, z. B. mit einem Geschoss, mit einem Gegenstand oder einer abfälligen oder auch besonders zutreffenden Bemerkung: *en rammende bemærkning*; *en ramme* ist dann wieder ein Rahmen. → *at træffe.*

rar

angenehm, gewinnend, nett: *Hun ser rar ud, og hun er også et meget rart menneske; rar* in der Bedeutung von selten *(sjælden, en gang imellem),* finden wir in *en raritet* eine Seltenheit, ein seltenes Fundstück. → *flink;* → *sød.*

at rase, rasende wütend sein, toben. *Da han hørte resultatet, blev han rasende.* Als er das Ergebnis hörte, wurde er wütend. Rasen im Sinne von schnell fahren: *at køre alt for stærkt.* → *gal.*

at rasere nicht rasieren, sondern vollständig zerstören: *Hele byen blev raseret under anden verdenskrig.* Die Stadt wurde im Zweiten Weltkrieg völlig zerstört. → *at barbere.*

rask 1. gesund: *Efter længere sygdom er hun blevet rask igen.* Nach längerer Krankheit ist sie jetzt wieder gesund. *Hun er sund og rask.* Sie ist völlig gesund. Aber: → *sund, sundhed*. Persönliche Gesundheit *et helbred: Han har et jernhelbred.* Er hat eine eiserne Gesundheit. → *helsekost.* 2. schnell: *med raske skridt* eilig, schnellen Schrittes; *at tage en rask beslutning* eine schnelle Entscheidung treffen.

et rational eine ganze Zahl oder ein endlicher Dezimalbruch. → *rationel.*

rationel 1. rational; 2. rationell.

real real, meist wird jedoch → *reel* verwendet; *real-* ist in vielen anderen Wörtern vorhanden: *realkredit;* → *realist;* → *realskole* usw.; → *rationel;* → *ideel.*

en realist 1. ein Realist; 2. der Absolvent einer Realschule (1976 abgeschafft); → *realskol.*

en realskole ein historischer Begriff, denn eigentliche *realskoler*, die einer Realschule entsprächen, gibt es seit 1976 nicht mehr. → *en realist*. Heutige *realskoler* sind Privatschulen, die als integrierte Gesamtschulen organisiert sind und pädagogisch eine eher bürgerlich-konservative Linie vertreten.

en recept vom Arzt ausgestellt; für die Küche gibt es → *(mad)opskrifter*.

redelighed abgeleitet von *redelig* redlich; *redelighed* wird meist in Verbindung mit *en køn / værre redelighed* benutzt: eine schöne Bescherung, ein wildes Durcheinander.

reel real; das deutsche reell ist *ærlig, pålidelig*.

et referat das Protokoll oder der Bericht einer Sitzung oder eines Treffens (*et mødereferat*); ein deutsches Referat ist *et foredrag* oder *et oplæg*. → *referent*.

en referent ist ein Protokollführer oder Protokollant; der deutsche Referent ist *en taler* oder *en foredragsholder*. → *referat*.

et regnslag hat nichts mit einem Platzregen zu tun; es ist ein Regenumhang.

en rekordliste aus dem Englischen (*record list*), also eigentlich ein Verzeichnis z. B. der Boxkämpfe oder anderer Wettkämpfe, an denen ein Sportler oder eine Sportlerin teilgenommen hat; *en rekordliste* – im englischen Sinn – wird zunehmend von dänischen Sportjournalisten gebraucht, was sehr missverständlich ist.

en rektor Direktor eines Gymnasiums (→ *skoleinspektør*), Präsident einer Pädagogischen Hochschule (→ *seminarium*) oder einer Universität.

renovation Müllabfuhr; *en renovationsarbejder* renoviert nichts, denn er arbeitet bei der Müllabfuhr. In der Umgangssprache nennt man ihn *skraldemand; at renovere* bedeutet dann aber wieder ganz wie erwartet: renovieren. → *skrald*.

en rente *renter* sind Zinsen. Eine deutsche Rente wird als → *pension* bezeichnet.

en reparation
hat nichts mit Kriegsfolgen und Reparationen zu tun; *en reparation* = eine Reparatur. Reparationen sind *krigsskadeerstatninger.*

en reservelæge
kein Notbehelf, kein Stümper, sondern ein normaler Krankenhausarzt, der seine Facharztausbildung noch nicht ganz abgeschlossen hat.

en restauratør
der Betreiber eines Restaurants; ein deutscher Restaurator ist *en konservator*.

revideret
kann geändert und revidiert bedeuten; häufig ist es geradezu das Gegenteil: *et revideret regnskab* ist der durch die Kassenprüfer *(revisorer)* geprüfte und bestätigte Kassenbericht z. B. eines Vereins oder einer Organisation. → *revision.*

revision
Rechnungsprüfung; *rigsrevisionen* ist die oberste Finanzprüfungsbehörde, entspricht ungefähr dem Bundesrechnungshof; *en revisor* ist ein Steuerberater. → *revideret.*

riget – Riget
rig ist reich und *riget* das Reich: *det danske rige, det „Tredje Rige“, romerriget* das Römische Reich; *Riget* allein ist dagegen die übliche Bezeichnung für *rigshospitalet*, das größte Krankenhaus in Kopenhagen. → *rigsfællesskab.*

rigsfællesskab
wörtlich Reichsgemeinschaft; der Ausdruck erinnert daran, dass Dänemark eine *rigsfællesskab* mit *Grønland* und den *Færøer* bildet, die eine weitgehende innere Selbstverwaltung haben; → *riget.*

ris
1. Reis; 2. Tadel, Kritik, meist in der Wendung → *ris og ros.* → *risengrød.*

ris og ros
Lob und Tadel. → *ris;* → *ros.*

risengrød
rød grød med fløde ist hinreichend bekannt; *risengrød* ist allerdings keine Superportion, sondern nur der Hinweis darauf, dass es ein Reisbrei ist. Al-

les, was sehr groß oder riesig ist, wird mit dem Zusatz *kæmpe-* versehen.

at ro nicht nur rudern; auch in einem Kajak wird von *kajakroning* gesprochen, obwohl man hierfür Paddel gebraucht. → *at sejle.*

en rok; at rokke ein Spinnrad; der Rock ist dagegen *en nederdel;* und *at rokke ved noget* an etwas rütteln, etwas in Zweifel ziehen: *De nyeste tal rokker ved regeringens prognoser.* Die neuesten Zahlen lassen die Prognosen der Regierung in keinem guten Licht erscheinen. Der Wackelzahn der kleineren Kinder ist *en rokketand.*

ros ein Lob; loben *at rose.* Die phonetisch-morphologische Verwandtschaft mit *en rose* eine Rose führt zu scherzhaften Überschneidungen: *Tak for roserne!* Danke für das Lob! / Danke für die Rosen! Dabei kann *ros* (Lob) eigentlich keinen Plural bilden. → *ris;* → *ris og ros.*

en gammel rotte keine „alte Ratte“, sondern ein „alter Hase“.

roulade Kuchenrolle, von der scheibenweise abgeschnitten wird; manchmal auch in der Bedeutung von Rouladen. → *benløse fugle.*

royalty hat bei den sonst so königstreuen Dänen absolut nichts mit dem Königshaus zu tun; *royalties* sind Tantiemen, die bei der öffentlichen Aufführung von Musikstücken an die dänische *CODA* (entspricht der deutschen GEMA) zu zahlen sind: *Rockgruppen betalte 10 % i royalty.* Meint man das Königshaus, so spricht man von *kongehuset, den kongelige familie, de kongelige* oder leicht ironisch *de royale.*

rummelig *Lejligheden er meget rummelig.* Die Wohnung ist groß und sehr geräumig. Unaufgeräumt ist *rodet.* → *oprømt.*

at ruste op – at opruste verrosten – aufrüsten.

Rusland: en by i Rusland *For mig er det en by i Rusland:* für die Deutschen sind es dagegen böhmische Dörfer.

en rustvogn ein Leichenwagen, obwohl *rust* Rost bedeutet. Ein *rustvogn* kann also durchaus neu und rostfrei sein.

rutine 1. eine Routine; 2. Plural: feste Arbeitsabläufe: *Det er vigtigt, at vi følger de samme rutiner.* Es ist wichtig, dass wir alle die gleichen Arbeitsabläufe beachten. → *praksis.*

en rutsjebane eine Achterbahn: *den store rutsjebane på Bakken (nord for København).* → *glidebane;* → *et tivoli;* → *et pariserhjul.*

at ryge 1. rauchen; 2. sich schnell bewegen oder in eine bestimmte Lage kommen, z. B. *Ved sidste valg røg han ud af folketinget.* Bei der letzten Parlamentswahl wurde er (überraschenderweise) nicht wiedergewählt.

et rygstød kein Stoß in den Rücken, sondern die Rückenlehne eines Stuhls oder einer Bank; den Rückstoß beim Gewehr nennt man *rekyl.*

en rytter 1. ein Reiter; 2. ein Radrennfahrer (= *cykelrytter*). Deneben gibt es u. a. *en checkrytter* oder *en paragrafrytter*, aber das ist wieder etwas ganz anderes.

en rædsel *rædsel* ist das blanke Entsetzen: *rædselsfuld* schrecklich, entsetzlich, fürchterlich. – Ein Rätsel ist dagegen *en gåde,* und *gådefuld* ist rätselhaft. In einer Zeitschrift haben wir dann *et quizzhjørne,* eine Rätsel-Ecke, unter anderem mit einem *kryds-og-tværs,* also einem Kreuzworträtsel.

røde hunde Rote Hunde? Röteln (Kinderkrankheit)!

en sag

1. eine Sache; 2. ein Fall; 3. ein Prozess; *at anlægge sag mod en person* jemanden verklagen. → *Ældresagen.*

en sal

1. ein Saal; 2. ein Stockwerk, besonders bei Angaben der Wohnung oder Adresse: *Hun bor på 1. sal til højre (1.s. t.h.).* Sie wohnt im ersten Stock rechts. → *en stue.* – Bei allgemeinen Beschreibungen wird die Bezeichnung *en etage* benutzt: *en* → *ejendom med flere etager.*

et salatfad

eigentlich: Salatschüssel. Umgangssprachliche Bezeichnung für ein größeres Einsatzfahrzeug der Polizei, meist mit vergitterten Fenstern für den Gefangenentransport. → *et fad.*

en salme

1. ein Kirchenlied; 2. ein Psalm; *den danske salmebog* ist das dänische Kirchengesangbuch.

en saltvands-indsprøjtning

Eine Injektion mit Salzwasser kann tödlich sein. Gemeint ist hier eine aufmunternde Auffrischung, z. B. bei einem größeren Vorhaben, mit Geld und guten Ideen.

et samfund

1. die Gesellschaft im soziologischen Sinne: *Danmark er et demokratisk samfund, men der er visse samfundsmæssige problemer alligevel.* 2. eine Gruppe, z. B. *lokalsamfundet* = die ortsansässigen Bewohner mit ihren Vereinen, Kirchen usw.; daneben ist *et trossamfund* eine Religionsgemeinschaft. → *et selskab.*

at samle

1. sammeln: *Han samler på frimærker.* Er sammelt Briefmarken. 2. etwas verbinden, zusammenfügen, z. B. Rohre oder Leitungen. Kaufen Sie etwas als *samlesæt*, dann ist es ein Bausatz, z. B. ein Kleiderschrank von IKEA, und *det samlede resultat* ist das Endergebnis; ein Fließband, an dem Dinge montiert / zusammengesetzt werden, ist *et samlebånd.* → *en samling.*

en samling 1. eine Sammlung (z. B. Briefmarken); 2. Sitzungsperiode (z. B. des *folketing*); 3. eine Verbindung von Metallstücken (z. B. von geschweißten Rohren). Eine Geldsammlung (etwa für das Rote Kreuz) ist *en indsamling.* → *at samle.*

sammenspist Gewiss hat man hier schon zusammengegessen, um zwielichtige Verabredungen zu treffen, denn *sammenspist* bedeutet verklickt an der Grenze zum Korrupten, das Gegenteil von offen und ehrlich.

sart 1. zart, z. B. Farben; 2. empfindlich, dünnhäutig und leicht beleidigt; zart (körperliche Verfassung) ist eher *svag, skrøbelig, spinkel.*

en scene 1. eine Szene; 2. eine Bühne; *scenevant* jemand mit großer Bühnenerfahrung, manchmal ironisch für z. B. Politiker; aber auch: *Hun lavede en frygtelig scene på hjemvejen.* Auf dem Heimweg machte sie eine Riesenszene.

at score eigentlich: Tore im Fußball schießen; heute umgangssprachlich: aktiv-aggressiv einen (Sexual-) Partner suchen und finden. → *et point;* → *en strandløve.*

en seance ironische Bezeichnung für ein ernstes oder förmliches Zusammensein; eine normale Sitzung ist *et møde.* → *session.*

sedan kommt aus dem Französischen, wird auch so ausgesprochen, hat aber nichts mit der Stadt Sedan zu tun, sondern ist abgeleitet von einem heute veralteten Ausdruck für eine Sitzgelegenheit; *en sedan* ist die dänische Bezeichnung für eine moderne Limousine des Typs Hatch Back; ein Wagen z. B. des Typs VW Passat wäre im Dänischen *en stationcar.*

en seddel 1. ein Zettel; und vor allem 2. ein Geldschein, Papiergeld. → *en slutseddel.*

sej eigentlich zäh, z. B. Fleisch. Umgangssprachlich: super, toll. → *fed.*

at sejle nicht nur segeln, sondern alle Formen der Fortbewegung auf dem Wasser. *Færgen sejler om ti minutter:* man kann davon ausgehen, dass die Fähre einen modernen Dieselmotor hat und keine Segel setzt. *alting sejler* beschreibt hingegen einen Zustand der begrifflichen Ungenauigkeit und moralischen Beliebigkeit mit chaotischen Untertönen. → *at ro.*

et selskab eine Gesellschaft im Sinne von einem Kreis von Menschen, der aus einem bestimmten Anlass zusammensitzt oder regelmäßig zusammenkommt: *et kaffeselskab, et fødselsdagsselskab, et historisk selskab.* Daneben als wirtschaftlich-juristischer Begriff: *et aktieselskab (A/S), selskabsskat* usw. → *et samfund.*

selvrisiko Das ganze Leben ist eine Art *selvrisiko*, hier aber bedeutet es: Ein gewisses Risiko muss man selber tragen, nämlich einen finanziellen Eigenanteil, also die Eigenbeteiligung bei einer Versicherungsleistung, insbesondere bei einer Auto-Kasko- oder Teilkasko-Versicherung; → *elitebilist.*

et seminarium eine Ausbildungsstätte für Lehrer an der *folkeskole*; ein *seminarium* versteht sich nicht als wissenschaftliche Hochschule. Die 15 *seminarier* verteilen sich über das ganze Land und haben meist zwischen 150 und 350 Studenten. Daneben gibt es *et seminar* etwa in der deutschen Bedeutung.

en sending ist eine Sendung von Waren; eine Sendung im Radio oder Fernsehen ist *en udsendelse.*

serpentiner 1. Papierschlangen beim Fasching; 2. Serpentinen

servante ist ein früher gebräuchlicher Waschtisch mit Waschschüssel.

session eine Sitzung der besonderen Art, nämlich die Musterung für den Militärdienst. → *seance*.

siddende sitzend; aber *den siddende regering* ist die zurzeit amtierende Regierung (auch wenn sie vielleicht auf dem Gruppenfoto steht).

sigøjner ist nach wie vor in Dänemark eine der Bezeichnungen für die Menschen, die in Deutschland seit kurzem korrekterweise Sinti und Roma genannt werden. → *polak*.

at sinke; en sinke verzögern; *en sinke* eine schwach begabte, retardierte Person; *forsinket* verspätet: *Færgen er forsinket*. Die Fähre hat Verspätung; sinken → *at synke;* → *at sænke*.

et sjal ein Schultertuch, eine Stola. → *et halstørklæde*.

sjofel unanständig, obszön; schofel wäre auf Dänisch *ussel, elendig*.

en skade 1. ein Schaden; 2. eine Elster – und *en skovskade* ist ein Eichelhäher.

en skat ein Schatz, wobei auch eine Person liebevoll gemeint sein kann: *min lille skat!* – *Skat* bedeutet aber in erster Linie die Steuer oder auch Steuerbehörde/Finanzamt.

at skaffe / at skabe *at skaffe* bedeutet etwas besorgen oder beschaffen: *Kann du skaffe mig en billet til rockkoncerten med XXX?* – *at skabe* ist dagegen etwas (er)schaffen, z. B. ein Kunstwerk. Der Schöpfer ist demnach *skaberen* und ein Geschöpf *en skabning*. Etwas schaffen im Sinne von erreichen (z. B. einen Termin oder den Zug) ist *at nå*.

et skema ein Plan, eine Übersicht: *et (skole)skema* ein Stundenplan, *et spørgeskema* ein Fragebogen, *et vagtskema* ein Dienstplan. Das deutsche Schema wird adjektivisch ausgedrückt; *skematisk, rutinemæssig, bureaukratisk*.

skide- eigentlich scheiß-. Der Zusatz bedeutet aber meist nur eine Verstärkung: *Han blev skidesur.* Er wurde unheimlich böse. Und der bekannte Ausruf aus *Olsen-banden*: *Skidegodt, Egon!* Einfach toll, Egon!

et skohorn ein Helfer beim Schuhanziehen (ursprünglich aus Kuhhorn); auf Deutsch: ein Schuhlöffel.

en skoledirektør kein Schulleiter, sondern der Verwaltungschef für das Schulwesen (ohne Gymnasien) in einer Großkommune (Schulrat). → *skoleinspektør*; → *direktør.*

en skoleinspektør kein Schulrat, sondern der Leiter einer *folkeskole*. → *rektor*; → *skoledirektør.*

en skolepatrulje Das sind die Schülerlotsen vor den Schulen.

en skolevogn ist kein Schulbus oder so, sondern das Auto einer Fahrschule.

en skovløber kein Waldläufer, sondern ein Waldarbeiter, und *en skovrider* ist ein Förster (meist nicht zu Pferd).

skrald *et skrald* ist ein explosionsartiger Laut; daneben bedeutet es Abfall. *Storskrald* ist Sperrmüll, *en skraldemand* ein Müllwerker und *en skraldebøtte* ein Abfallbehälter. Die Müllabfuhr ist dagegen etwas ganz anderes: → *renovation*. Ein Werkzeug mit Ratschenfunktion (z. B. Schraubenschlüssel) ist *et skraldeværktøj*.

en skranke keine Bahnschranke, sondern die Schranken des Gerichts oder ein Schalter, z. B. in einer Behörde. So nennt man einen arroganten Behördenmitarbeiter auch *en skrankepave*, also einen „Schrankenpapst". → *bom.*

at skride 1. schreiten; 2. ausrutschen. *Bilen begyndte at skride.* Das Auto kam ins Rutschen. 3. abhauen. *Skrid, siger jeg!* Hau bloß ab!

at skrifte Obwohl *håndskrift* Handschrift bedeutet, lautet die Übersetzung für *at skrifte* beichten.

et skrivebord 1. ein Schreibtisch; 2. der Desktop.

et skudsmål *et skud* ein Schuss; *et mål* ein Ziel. Aber nein: *et skudsmål* ist eine ältere, gelegentlich noch benutzte Bezeichnung für ein Zeugnis, eine berufliche Beurteilung.

sky; at sky scheu; etwas scheuen, etwas meiden, einen Unwillen gegen etwas haben: *Han skyr ingen midler for at blive valgt som borgmester.* Jedes Mittel ist ihm recht, um seine Wahl zum Bürgermeister zu erreichen. → *en sky.*

en sky eine Wolke, Himmel ist *himmel*, und der Wolkenbruch ist *et skybrud; sky, skysovs* hat noch die Bedeutung von Bratensoße / Bratensaft, und schließlich ist *sky* in gelierter Form eine Art Aspik. Weitere wichtige Bedeutung → *sky, at sky;* → *skypumpe.*

at skyde 1. schießen; 2. schieben, z. B. *en skydedør* eine Schiebetür.

en skypumpe eine Windhose. → *en sky.*

at skænke einschenken; schenken ist *at give en gave,* → *at forære.*

en slagbænk keine Schlachtbank (= *slagtebænk*), sondern eine Bank, aus der man durch Umklappen ein Bett machen kann.

en slange — eine Schlange; daneben: ein Fahrradschlauch und ein Gartenschlauch; die Warteschlange → *kø;* → *dæk.*

en slave – en slaver — ein Sklave – ein Slawe (z. B. ein Pole).

slip — ist eine Bezeichnung für Damenunterwäsche; dagegen bedeutet *at give slip, at slippe* etwas loslassen, von etwas absehen.

at sluge — etwas (oft Unangenehmes) verschlingen, herunterschlucken, auch im übertragenen Sinne: *Det bliver svært at sluge regeringens forslag.* Es wird uns nicht leichtfallen, den Vorschlag der Regierung zu akzeptieren. Das Schlucken beim Essen → *at synke;* → *en stemmesluger.*

at sluge kameler — Bei nicht einfachen Kompromissen schlucken die Dänen ganze Kamele, wo sich die Deutschen mit Kröten begnügen. → *en stemmesluger.*

at slukke — ausschalten, abschalten (auch *at lukke*); schlucken → *at synke;* → *at sluge.*

et slum(kvarter) — ein Slum. Soweit kein Problem. Aber: *slum* bitte mit kurzem u aussprechen; in der englischen Aussprache mit kurzem a wird es in Dänemark als *slamkvarter* verstanden: *slam* = Schlamm.

en slutseddel — ein Dokument, das alle wichtigen Daten, z. B. über einen Hauskauf, festhält. → *en seddel.*

slyngelstater — Schurkenstaaten (des Nahen und Mittleren Ostens); *en slyngel* wäre eigentlich ein (kleiner) Schlingel, und *en skurk* ein Schurke, was zumindest im Deutschen härter klingt als Schlingel.

at slå sammen — ganz und gar nicht gewalttätig: zusammenlegen, fusionieren (z. B. zwei Vereine oder zwei Schulklassen).

at slå sig
(at slå sig ned)
(at slå sig op)

at slå sig heißt sich verletzen, sich wehtun. *Har du slået dig?* Hast du dir wehgetan, hast du dich verletzt? Auch Holz, das feucht wird, *kan slå sig*, also sich wellen, sich verziehen; *at slå sig* ist ein richtig multifunktionales Wort, denn *at slå sig ned* bedeutet sich niederlassen, sich ansiedeln, und *at slå sig op* heißt sich auf etwas spezialisieren: *Firmaet slog sig op på at reparere veteranbiler.* Die Firma hat sich auf die Reparatur von Oldtimern spezialisiert.

en slåbrok

Man glaubt es kaum: ein Schlafrock, ein Morgenmantel, oft auch *(morgen)kåbe.*

smagsdommer

Dies ist nicht jemand, der Restaurants testet und Sterne vergibt, was man aufgrund von *smag* (Geschmack) und *dommer* (Richter, Beurteiler, Schiedsrichter) vermuten sollte. Das wäre *en madskribent,* der *kokkehuer* vergibt. Unter *smagsdommerne* versteht man (manchmal sogenannte) Experten, die in Gremien und Institutionen sitzen und Gutachten erstellen und Handlungsempfehlungen geben.

smagsløgene

keine schmackhaften Zwiebeln (*løg* Zwiebel). Es ist der Geschmackssinn an der Zunge und am Gaumen.

smart

1. hübsch, apart, elegant; 2. smart, gerissen, wenig vertrauenerweckend; *at spille Karl-Smart* protzen, angeben; → *aparte.*

smuds, smudsig

moralisch Abstoßendes bis hin zu Halbpornografischem. Konkreter Schmutz ist *snavs;* schmutzig, dreckig ist *snavset.*

et smørhul

Ein Butterloch? *Smørhul* ist die liebevolle und auch national-stolze Bezeichnung der Dänen für ihr eigenes Land, wenn sie den Lebensstandard, das soziale Sicherheitsnetz und den gesellschaftlichen Frieden meinen.

en smørrebrødsjomfru Eine „Butterbrotjungfrau"? Der Beruf der *smørrebrødsjomfru* ist ein anerkannter Lehrberuf – auch für Männer – im Bereich der Gastronomie: Zubereitung aller Arten von kalten Platten und → *anretninger;* siehe auch → *sygeplejerske;* → *formand;* → *nordmand;* → *franskmand.* Zum Thema *jomfru* kann man sich auch einmal erkundigen, was en *brolæggerjomfru, en jomfruhummer* und *en gammeljomfru* ist.

en snabel der Rüssel z. B. eines Elefanten. Ein Schnabel ist *et næb; at have snabelen i kommunekassen:* unverantwortlich und oft unberechtigt mit dem Geld der Kommune umgehen; *snabel-a* entspricht dem deutschen Klammeraffen @.

snus;
at snuse;
snusfornuftig Schnupftabak; an etwas schnuppern; realistisch und praktisch veranlagt.

en sofakartoffel ein dicker, träger Mensch. → *kartoffel.*

et sofastykke Bilder des Typs „Röhrender Hirsch", die über dem Sofa hängen.

en sofavælger ein Nichtwähler

en sommerfugl hat keine Federn; es ist ein Schmetterling.

en sorg Trauer; *at sørge* trauern; *kærestesorg* Liebeskummer. Sorgen sind dagegen → *bekymringer;* für etwas sorgen, sich um etwas kümmern *at sørge for; sorgløs* bedeutet wiederum sorglos.

at sove ind einschlafen – sollte man vermuten, aber das heißt eher *at falde i søvn. Vores kære mor er stille sovet ind* bedeutet: Unsere liebe Mutter ist still eingeschlafen = verstorben.

en spadseredragt ein Kostüm; *en kostume* bedeutet dagegen allein ein Theaterkostüm. → *en dragt.*

spar ist die Spielkartenfarbe Pik. → *pik*

en specialarbejder ist ein klassischer Euphemismus, denn er meint nicht das, was die Bezeichnung nahelegt; *en specialarbejder (= ufaglært arbejdskraft)* ist jemand, der keinen Beruf nach einer abgeschlossenen mehrjährigen Lehre ausübt, sondern angelernt ist: Busfahrer, LKW-Fahrer, Müllwerker, Kranführer, Helfer im Baugewerbe, Kassiererin usw. Ein Facharbeiter ist *faglært* mit abgeschlossener Berufsausbildung.

et speciale 1. die schriftliche Examens- oder Diplomarbeit an einer Hochschule; 2. das Fach- oder Spezialgebiet in einem Bereich.

spektakel ist nicht nur Lärm, sondern das sind auch laute Streitigkeiten bis hin zu Schlägereien, z. B. *husspektakel* in Mietshäusern.

at spilde; at spille ein minimaler Unterschied in der Aussprache des i-Lautes unterscheidet *at spilde* vergeuden, verschütten (→ *kloak)* von *at spille* spielen – und zwar das Spielen nach Regeln: Tennis, Fußball, Skat, Schach usw. Für das freie Spielen (z. B. Kinder im Sandkasten) → *at lege.* Ein Fußballspiel → *en (fodbold)kamp.*

at spinde 1. spinnen; 2. bei Katzen: schnurren; 3. bei Rädern: durchdrehen; *at spinde guld på noget* sich mit etwas eine goldene Nase verdienen.

spiritus 1. Spiritus (= *ren alkohol*); 2. alle alkoholischen Getränke. → *en spritbilist;* → *en genstand.*

en spiseseddel keine Speisekarte, denn das wäre *et menukort; en spiseseddel* ist die groß aufgemachte Werbung für eine Zeitung der Boulevardpresse, wie sie auf einer Art von Reiter z. B. vor Kiosken aufgestellt wird.

spor 1. Spur; 2. Gleis; 3. → *bane.*

at spotte 1. (ver)spotten, z. B. *spottende bemærkninger*; 2. etwas erblicken, etwas mit den Augen ausfindig machen, z. B. *Bådene var så små, at det var svært at spotte dem på radarskærmen*. Die Boote waren so klein, dass man sie auf dem Radarschirm kaum ausmachen konnte.

en sprechstallmeister der Zirkusdirektor, der die Ankündigungen in der Manege macht. Er benutzt häufig bewusst ein abenteuerliches, komisches *misk-mask* aus Deutsch und Dänisch.

at springe 1. springen; 2. Glühbirne: durchbrennen; 3. *at springe ud* sich outen.

en spritbilist Mit *sprit* ist hier nicht der Benzinvorrat gemeint; *en spritbilist* ist ein Autofahrer oder eine Autofahrerin, die unter Alkoholeinfluss am Steuer sitzt. → *spiritus*.

spændende kann spannend (oft *fængslende*) bedeuten, meist aber „nur" interessant: *Det lyder spændende*. Das klingt ja sehr interessant.

squash ist neben dem bekannten Zwei-Personen-Spiel und einem mit Wasser verlängerten Fruchtsaftgetränk die dänische Bezeichnung für Zucchini.

St. ist in Ortsnamen nicht die Abkürzung für *Sankt*, es bedeutet *Store*, wie z. B. in *St. Heddinge*. Entsprechend bedeutet *Ll. Lille* ... Das deutsche Sankt (St.) wird im Dänischen mit *Skt.* (älter: *Sct.*) abgekürzt: z. B. *Skt. Hans*.

stadig 1. *Adj*. andauernd; 2. *Adv*. immer noch, weiterhin. Nicht zu verwechseln mit: *stædig* hartnäckig, stur.

en stang eine Stange. Allerdings bedeutet *Hun holdt ham stangen* (= Sie hielt ihn sich vom Leibe, sie hielt ihn auf Abstand) das Gegenteil des deutschen „jemandem die Stange halten“ = zu jemandem stehen, zu jemandem halten. Eine Stange Zigaretten → *en karton*.

en statsminister ein Ministerpräsident / eine Ministerpräsidentin in DK. Die Übersetzung „Staatsminister“ ist falsch, denn das deutet auf eine ganz andere Funktion wie z. B. in der Berliner Regierung hin.

status 1. Status; 2. Bilanz, Zustandsbericht (eines Betriebes oder Vereins); → *kortlægning*.

stavgang Hier geht niemand „am Stock“; es ist vielmehr Nordic Walking.

en stegeso keine „Bratsau“, nur ein Römertopf.

en stemmesluger Bei Wahlen haben die Dänen die Möglichkeit, die von den Parteien vorgegebene Rangfolge der Kandidaten ggf. auf den Kopf zu stellen, indem sie *personlige stemmer* abgeben. Ein *stemme-sluger* („Stimmenschlucker“) ist so ein Kandidat, dem die Wählerherzen zufliegen – nicht immer zur Freude seiner eigenen Partei. → *ildsluger*.

et stempel 1. ein Stempel; 2. der Kolben in einem Motor. → *en kolbe*; → *en stempelafgift*.

en stempelafgift staatliche Abgabe z. B. beim Handel mit bestimmten Wertpapieren.

stenbro sind die Straßen der Großstadt, z. B. *Københavns stenbro*. *Nørrebro*, *Østerbro* und *Vesterbro* sind citynahe Stadtteile der Hauptstadt; *(toppede) brosten* sind Kopfsteinplaster und nicht die Steine zum Bau von Brücken. → *smørrebrødsjomfru (brolæggerjomfru)*.

en sti ist ein Steig, ein Pfad, ein kleiner Weg: *kondisti* Trimmpfad, *cykelsti* Fahrradweg. Aber: *svinesti* hat nichts mit freilaufenden Schweinen zu tun, im Gegenteil: es ist ein Schweinestall.

et stik 1. ein Stich (Biene, Schmerz); 2. Stich (Kartenspiel); 3. Stich (Kunstwerk, Kupferstich); 4. Stecker. Hier unterscheidet man zwischen dem „männlichen" *hanstik* und dem „weiblichen" *hunstik*. Beim Betrachten der beiden Enden einer Verlängerungsschnur wird Ihnen schon der Unterschied zwischen *hanstik* und *hunstik* klarwerden; Steckdose *stikkontakt*.

en stikker kein Stecker, denn das ist → *et stik; en stikker* ist ein Spitzel und / oder ein Landesverräter.

en stikpille *med.:* ein Zäpfchen; *at komme med en stikpille* bedeutet dann wieder: mit einer spöttischen Bemerkung aufwarten.

en stil 1. ein Stil; 2. ein Aufsatz. → *en opsats;* → *en kronik.*

en strandløve junger Mann, braun gebrannt, sportlich, mit knapper Badehose, geht am Strand auf und ab, um mit hübschen jungen Frauen anzubändeln. → *at score.*

en strandvasker eine Wasserleiche.

en stud keine Stute, sondern ein Ochse; eine Stute wäre *en hoppe.* → *en studehandel.*

en studehandel eigentlich der Handel mit Ochsen, es ist aber ein Kuhhandel im Sinne einer etwas lichtscheuen Absprache auf Gegenseitigkeit. → *en lokumsaftale;* → *en stud.*

en student ein Abiturient; Abitur *studentereksamen.* Student = *studerende.*

en studievært Moderator im Fernsehen. → *vært.*

en stue 1. ein etwas größeres Zimmer; *dagligstue* Wohnzimmer, *krostue* Schankraum einer Gaststätte;

2. Erdgeschoss: *Han bor i stuen til venstre. = st. t.v.* → *sal; en stuelejlighed* ist demnach eine Wohnung im Erdgeschoss. Weitere Bedeutung: Krankenzimmer. → *t.v.*

stueren eigentlich: stubenrein. Der dänische Ministerpräsident Poul Nyrup Rasmussen sagte einmal im *Folketing* über einige politische Mitbewerber: *"Stuerene bliver I aldrig!"*, d. h. „Ihr werdet [mit euren politischen Überzeugungen] immer schmuddelig und unappetitlich sein!" → *ulækker.*

en stumtjener keine wortkarge Bedienung, sondern wie im Deutschen: ein stummer Diener, also ein Kleiderständer. → *en tjener.*

en stund nicht: *en time*; in einigen Wendungen ist *stund* in der Bedeutung eines kurzen Zeitraums verwendet: *vi havde en hyggelig stund sammen; nu om stunder* heutzutage. → *en time.*

en stærekasse 1. ein Starenkasten; 2. eine Kamera zur Verkehrsüberwachung.

stærk stark, aber oft in der Bedeutung von schnell: *Han kører alt for stærkt.* Er fährt viel zu schnell. *Det går stærkt.* Es geht zügig voran (z. B. bei einer Baumaßnahme).

et stød ein Stoß sowie der häufig vorkommende, spezifisch dänische Stoßton. → *hans – Hans*; → *et rygstød.*

en sugekop ist keine Krankenhausschnabeltasse (= *en tudkop*), sondern ein Saugnapf, wie Efeu oder verschiedene kleine Reptilien sie haben; *sugekopper* benutzt man auch zum Befestigen von Haken oder Spiegeln an gekachelten Wänden.

sund, sundhed z. B. gesundes Essen und viel Bewegung: *Det er sundt at spise økologisk og dyrke motion.* Zu gesund und krank → *rask*. Persönliche Gesundheit: *et godt helbred;* → *helsekost*. Gesundheit im Allgemeinen: *sundhed*, z. B. *sundhedsminister.*

en svamp 1. ein Schwamm; 2. ein Pilz; Pilze sammeln: *at gå på svampetur / på svampejagt.* Aber: wie Pilze aus dem Boden schießen *at skyde op som paddehatte.*

en svensknøgle aus dem dänischen „Schwedenschlüssel" wird im Deutschen der „Engländer", ein variabler Schraubenschlüssel.

at svinge 1. schwingen; 2. Straßenverkehr: abbiegen; *et sving* eine (Straßen-)Kurve: *højresving, venstresving,* beides auch politisch: Rechtsruck, Linksruck. → *en bane.*

svær – tung *svær* ist schwer im Sinne von schwierig; daneben bedeutet es als Substantiv die Schwarte oder Kruste (z. B. bei einem Schweinebraten); *tung* dagegen misst sich in Kilogramm. Im übertragenen Sinne kann es auch belastend oder bedrückend bedeuten; *tungsind* ist also die Schwermut.

en sygeplejerske eine Krankenschwester (aufgrund der weiblichen Endung *–erske*). Dennoch gilt diese eindeutig weibliche Berufsbezeichnung neuerdings auch für Männer. So werden Sie im Krankenhaus hören: *Dav. Jeg hedder Peter, jeg er din sygeplejerske.* Guten Tag. Ich bin der Peter. Ich bin Ihr Krankenpfleger. → *en smørrebrødsjomfru;* → *franskmand;* → *normand;* → *formand;* → *landmand.*

syn 1. die Fähigkeit des Sehens: *Efter operationen har han fået synet tilbage.* 2. die Sicht: z.B. *klarsyn* Klarsicht, *fremsynet* vorausschauend; 3. Sichtweise oder Auffassung: *menneskesyn* Menschenbild, *historiesyn* Geschichtsauffassung.

synd *Det er synd.* Das ist schade. – *Det er en synd.* Das ist eine Sünde.

synftig ältere Bezeichnung für derb, ungeniert: *et synftigt sprog;* zünftig wäre eher *flot, smart, passende.*

at synke 1. transitiv: etwas hinunterschlucken; 2. intransitiv: sinken. → *at sluge;* → *at sænke.*

at sænke versenken, aber auch *at sænke forbruget* den Verbrauch reduzieren. → *at synke.*

sød süß; bei der Beschreibung von Personen wird *sød* weit gefasst: süß, nett, hilfsbereit, freundlich, aufmerksam. Aber: Im Gegensatz zum Deutschen kann man auf Dänisch z. B. von einem älteren Herrn sagen: *Nej, hvor er han sød! Kære danske landsmænd, vær altså en smule forsigtige, når I bruger* „süß" *på tysk.* → *flink;* → *rar.*

at søge suchen kann im Dänischen *at søge* sein (*at søge lykken, at søge døden, at søge nye venner*), meist wird aber *at lede (efter noget)* verwendet. Wichtige weitere Bedeutungen von *at søge*: sich bewerben; beantragen. *Vi har også søgt ministeriet* (*om et tilskud til projektet*). Wir haben auch beim Ministerium einen Projektzuschuss beantragt. Ein Antrag: *en ansøgning*. Das Substantiv *en søgning* hat etwas mit Besucher- oder Teilnehmerzahlen zu tun: *Der var stor søgning til foredraget*. Es kamen viele Zuhörer zum Vortrag. Oder: *Søgningen (på nettet) gav ingen resultat*. Die Suche (im Internet) ergab keinen Treffer.

en tabel 1. eine Tabelle; 2. *den store / lille tabel* das große / kleine Einmaleins.

en tablet eine Tablette; ein Tablett ist *en* → *bakke.*

at tage Grundbedeutung: nehmen; daneben zahlreiche weitere Bedeutungen: *at tage kørekort* den Führerschein machen. Würde man sagen: *Jeg laver mit kørekort,* würde das dem Versuch einer Fälschung gleichkommen, da man ihn dann selber herstellen würde; *at tage en kopi* eine Kopie machen; *at tage til Italien* nach Italien reisen usw. → *at bruge*.

tak – værsgo *tak* heißt danke, aber nicht immer. *Vil du have mere kaffe? Ja, tak!* Möchtest du noch Kaffee? Ja, bitte! Auch mit *værsgo* (bitte) ist das so eine Sache: *værsgo* benutzt man in der Regel, wenn man jemandem etwas reicht, z. B. das Wechselgeld, den Kassenbon, die Eintrittskarte, ein Glas Wein usw. oder wenn man jemanden hereinbittet und ihm einen Platz und dann einen Sherry anbietet: jedesmal *værsgo*. Aber: *Tak for hjælpen. – Det var så lidt*. Danke für die Hilfe. – Bitte, nicht der Rede wert. Oft wird bitte mit *venligst* übersetzt: *Ta' venligst en indkøbsvogn*. Bitte benutzen Sie einen Einkaufswagen. → *at betakke sig*.

taletid die Redezeit, z. B. eines Politikers im Parlament, nicht zu verwechseln mit → *træffetid*; → *konsultation*. *Et taletidskort* dient zum Aufladen des Guthabens bei einem Handy.

en talje 1. eine Taille, 2. ein Flaschenzug.

en tallerken Ein einfacher dänischer Teller kann zu sprachlichen Missverständnissen führen: *Han har ikke opfundet den dybe tallerken* entspricht dem deutschen „Er hat nun auch nicht gerade das Schießpulver erfunden", d. h. er ist ziemlich blöd; *at vende rundt på en tallerken* bedeutet: sich um 180 Grad drehen, also heute das Gegenteil von dem behaupten, was man gestern noch gesagt hatte.

tangenter In der Geometrie sind es Tangenten, ansonsten aber die Tasten eines Klaviers.

en tank 1. ein Tank; 2. ein Panzer (militärisch), auch *kampvogn* genannt. → *en panser*.

en taske ist z. B. eine Schultertasche; die Hosentasche ist dagegen *en lomme*, und *lommesmerter* bedeutet:

äußerst knapp bei Kasse sein, eine Rechnung nicht bezahlen können; *en plastiklomme* ist keine Plastiktüte (= *plastikpose*), sondern eine Prospekthülle.

at tegne 1. zeichnen; 2. unterschreiben, unterzeichnen, Vertrag abschließen: *Jeg har lige tegnet en ny bilforsikring.* Ich habe gerade eine neue Autoversicherung abgeschlossen. → *en tegneserie;* → *en tegnestue;* → *en tegnestift.*

en tegnebog eine Brieftasche, obwohl *at tegne* zeichnen bedeutet.

en tegneserie ein Comic(heft).

en tegnestift nichts zum Malen, nur eine Heftzwecke.

en tegnestue kein Zeichenkurs der Volkshochschule, sondern das Konstruktionsbüro z. B. eines Architekten.

tekst: at læse én teksten jemandem die Leviten lesen, also keine Märchenvorlesestunde.

teleslynge Bei der *teleslynge* handelt es sich um einen in Dänemark sehr verbreiteten kleinen Apparat zur Hilfe für Schwerhörige beim Fernsehen oder bei Vorträgen. Eine richtige Schlinge wäre übrigens *en løkke.*

en termin 1. Stichtag bei Schwangeren; 2. Fälligkeit: Tag, an dem eine Zahlung, z. B. eine größere Rate, fällig wird (typisch Haus- oder Autokauf). → *en aftale;* → *en tid;* → *en besøgelsestid;* → *en forfaldsdato.*

en tid Grundbedeutung: Zeit; daneben: Verabredung, Termin: *Hun har bestilt tid hos lægen.* Sie hat einen Termin beim Arzt. → *en termin.*

et tilfælde 1. ein Fall: *Der var ét tilfælde af malaria i byen.* 2. ein Zufall: *Det var ved et rent tilfælde at jeg mødte netop ham.* Ich habe ihn ganz zufällig getroffen. Zufälle sind auch *tilfældigheder.*

en tiltale

1. eine Anrede; 2. eine Anklage; *den tiltalte* ist demnach der Angesprochene oder der Angeklagte, je nach Zusammenhang.

en time

eine Stunde; Zeit ist *tid* auf Dänisch. → *en stund.*

tip-

→ *olde-.*

at tippe

1. tippen (Lotto, Toto); 2. umkippen: *Pas på, at trillebøren ikke tipper.* Pass auf, dass die Schubkarre nicht umkippt.

et tivoli

ein gewöhnlicher Jahrmarkt mit Karussellen usw., nicht zu verwechseln mit dem *Tivoli* in Kopenhagen. → *en rutsjebane;* → *et pariserhjul;* → *en tivolisering.*

en tivolisering

Banalisierung, Verflachung, Vermittlung von ernsten Themen auf eine seichte, oberflächliche, populistische Weise. So spricht man z. B. von *tivoliseringen af folkekirken*, wenn sog. *spaghetti-gudstjenester* abgehalten werden. → *et tivoli.*

en tjekke, en tjekker

en tjekke oder *en tjekker* ist eine Person aus Tschechien; *at tjekke* ist dagegen etwas checken, untersuchen, überprüfen.

at tjene

1. dienen; 2. (Geld) verdienen. *Hvad tjener du om måneden?* Wieviel verdienst du im Monat? Etwas verdienen im nicht-materiellen Sinne: *at fortjene: Han fortjener en ordentlig afklapsning.* Er hat einen ordentlichen Denkzettel verdient. → *en tjener;* → *en stumtjener.*

en tjener

1. Diener bei den feinen Herrschaften; 2. der Ober / die Bedienung in einem Restaurant. → *en stumtjener;* → *at tjene.*

tog – togt

et tog ist ein Zug (Eisenbahn), z. B. *et S-tog, et intercity-tog; en togt* ist dagegen eine (Abenteuer-) Reise oder ein Feldzug. Aber *et krydstogts-*

kib ist ein Kreuzfahrtschiff. Der Durchzug (Luft) ist übrigens *træk*, und *en trækfugl* ist ein Zugvogel; siehe auch im Wörterbuch *karaktertræk, ansigtstræk, skaktræk.*

tossegod zusammengesetzt aus *tosset* und *god*, also verrückt und gut. Als *tossegode* bezeichnet man in Dänemark oft die sog. Gutmenschen.

en tovholder eigentlich jemand, der das Tau (beim Vertäuen) hält; heutige Bedeutung: ideenreiche Person mit viel Initiative und Energie, ohne die ein Projekt nicht durchgeführt werden könnte. → *et anker.*

trafik 1. Verkehr; *stærkt trafikeret* stark befahren; 2. dubiose Machenschaften und Praktiken, z. B. Drogenhandel, Doping.

at traktere bewirten. → *et traktement;* → *et traktørsted.*

et traktement eine Bewirtung; *et mindre traktement* ein kleiner Imbiss. → *at traktere;* → *et traktørsted.*

et traktørsted ein Ausflugslokal; ein Trecker *en traktor.* → *et traktement;* → *at traktere.*

en translatør ist ein Übersetzer, aber: Es ist ein Fach-Übersetzer vor allem für die Bereiche Technik und Jura. Ansonsten ist es *en oversætter* und bei einer Konferenz oder im Gericht *en tolk* (Dolmetscher).

et trinbræt 1. ein Trittbrett; 2. ein wenig frequentierter Bahnhof, ein Haltepunkt.

et tryk ein Druck, auch technisch *(damptryk)*, Wetter *(højtryk)* oder in der Kunst; *en trykkoger* ein Drucktopf; aber (psychisch oder sozial) unter Druck stehen → *pres.*

at trykke 1. drücken; *at trykke på knappen* den Knopf drücken; 2. drucken; *at trykke en bog* ein Buch drucken; nicht verwechseln mit *tryg, trygge: Hun lever under trygge forhold.* Sie lebt in sicheren, geborgenen Verhältnissen. Computer: → *at printe;* → *at udskrive.*

træ bedeutet Holz; *et træ* ist ein Baum, und Feuerholz sind *brænde.* Was die Dänen aber unter *træpiller* verstehen, finden Sie unter *www.traepiller.dk.*

at træffe *Hun traf ham ved en fest.* Sie traf ihn bei einem Fest. Aber treffen (Schuss, Schlag): → *at ramme.*

træffetid die Sprechstunde des Arztes oder z. B. des Bürgermeisters. → *taletid;* → *en konsultation;* → *en termin.*

en tråd kein Draht, sondern ein Faden: *Hans skæbne hænger i en tynd tråd.* Sein Schicksal hängt am seidenen Faden. Dennoch: *trådløs* bedeutet drahtlos. → *en wire;* → *garn.*

en tudse; en tus; en tusse 1. eine Kröte; 2. ein Filzschreiber; 3. umgangssprachlich: ein 1000-Kronen-Schein. → *en hund.*

t.v. hat nichts mit Fernsehen zu tun; es bedeutet *til venstre* (links) bei Adressenangaben in Mietshäusern, z. B. *Nygade 21 st. t.v.* = *stuen til venstre*: im Erdgeschoss links, entsprechend *t.h.* = *til højre.* → *stue.*

tvangsindlagt → *indlagt.*

en kold tyrker kein „kalter Türke“, sondern die umgangssprachliche Bezeichnung für die heftigen Symptome bei sog. „kaltem“ Entzug (Drogen, Rauchen, usw.). → *abstinenser.*

et tæppe 1. eine Decke (aus Stoff), auch leichte Bettdecke *(senge)tæppe;* 2. ein Teppich *(et gulv)tæppe.* → *et dæk;* → *en dyne;* → *et dække.*

tømmermænd man sollte meinen, es handele sich um Zimmerleute, die jedoch *en tømrer, flere tømrere* heißen; *tømmermænd* ist der Kater nach reichlichem Alkoholgenuss – wohl wegen der Kopfschmerzen, die an die kräftigen Hammerschläge dieser Handwerker erinnern. Es gibt übrigens auch *politiske tømmermænd,* z. B. nach einer Wahlniederlage.

tør trocken; kommt in häufig verwendeten Redewendungen vor, z. B. *Pengene faldt på et tørt sted.* Das Geld kam genau zum richtigen Zeitpunkt, wo es dringend gebraucht wurde; *en tør kaffe* eine Tasse Kaffee mit einem Keks oder einem kleinen Stück Kuchen. *tør* ist daneben die Präsensform des Modalverbs *at turde* sich trauen, wagen. Motto der Boulevard-Zeitung *Ekstra Bladet*: *Tør hvor andre tier.* Wagt, wo andere schweigen.

et tørklæde *wörtlich:* ein Tuch zum Abtrocknen. Es ist ein Kopftuch; *tørklæde-debatten:* die Diskussion über das Tragen des islamischen Kopftuchs *i skoler og i det offentlige rum.* → *et halstørklæde;* → *en sjal.*

en tåreperser stammt nicht aus dem Iran. Die wörtliche Bedeutung ist: ein Tränenpresser, also eine Schnulze.

en udbetaling 1. die Anzahlung (z. B. beim Ratenkauf); 2. eine Auszahlung; *Udbetaling Danmark* ist dann die Behörde, die u. a. die → *folkepension* berechnet und auszahlt.

en uddeler verteilt kein Werbematerial, sondern ist der Leiter eines Supermarktes, speziell des zur genossenschaftlich organisierten COOP-Gruppe gehörenden *Brugsen (brugsuddeler).*

udflugter 1. Ausflüge; 2. Ausflüchte.

at udgå ist nicht dasselbe wie → *at gå ud; at udgå* bedeutet u. a., dass etwas nicht mehr vorhanden ist:

Dette punkt på dagsordenen udgår. Dieser Punkt der Tagesordnung entfällt.

at udskrive

1. etwas ausdrucken (am Computer); 2. (einen Patienten aus dem Krankenhaus) entlassen; 3. (eine Wahl, einen Wettbewerb) ausschreiben, *at udskrive valg, at udskrive en konkurrence.* Etwas ausschreiben, z. B. bei einem Bauvorhaben, ist *at udlicitere.* → *at printe;* → *at trykke.*

udspekuleret

kein Pleite gegangener Geldanleger, sondern: raffiniert, gerissen.

at udstille

1. (Kunst) ausstellen; 2. jemanden an den Pranger stellen. Ausstellen, abschalten ist dagegen → *at slukke.*

udtale / udtalelse

1. *en udtale:* Artikulation, Aussprache, z. B. eines Wortes; 2. *en udtalelse:* Äußerung (Bemerkung einer Person). Eine Aussprache / ein Meinungsaustausch über ein Thema ist *en drøftelse.* → *opførelse / opførsel.*

at udvandre

1. auswandern; 2. (empört und unter Protest) einen Raum oder eine Versammlung verlassen.

udvendig

bezieht sich auf etwas, das äußerlich angebracht ist: *en udvendig trappe* eine Außentreppe; etwas auswendig lernen ist dagegen *at lære udenad.*

ug

sieht aus wie ein Ausruf, bedeutet aber *udmærket godt,* also ausgezeichnet.

uhyggelig

bedeutet manchmal ungemütlich – das Gegenteil von *hyggelig*. Häufigste Bedeutung jedoch: unheimlich.

et uland

kein „Nicht-Land“, kein Fantasia, sondern ein Entwicklungsland, *et underudviklet land.*

ulækker

eklig, unappetitlich, schmuddelig; bei Personen: ungepflegt, abstoßend. → *stueren;* → *lækker.*

en ungkarl eigentlich: ein junger Kerl; heutige Bedeutung: Junggeselle. → *karl;* → *pebersvend.*

et unikum hat im Dänischen einen positiven Klang: *Adjunkten er et unikum som lærer.* Der Studienrat ist ein ungewöhnlich tüchtiger, ausgezeichneter Lehrer. Das deutsche Unikum ist *en særling, en sjov fætter, et lidt mærkeligt menneske.*

unoder Was für Noten? *Unoder* sind schlechte Angewohnheiten und schlechtes Benehmen.

uro 1. Unruhe; 2. Mobile (= von der Decke hängender Zimmerschmuck).

et utyske eigentlich: etwas Undeutsches (was immer das sein mag); *et utyske* ist ein kleiner Tunichtgut, also ein Kind, das nicht sehr folgsam ist.

uægte unecht, falsch, nachgemacht; *et uægte barn* ist ein inzwischen wenig gebräuchlicher Ausdruck für ein uneheliches Kind. Heute sagt man *et barn uden for ægteskabet.*

et vadested eigentlich eine Furt, ein Übergang. Im übertragenen Sinne eine unklare Situation, in der man nicht weiß, wie es weitergeht: *Engelsk europapolitik er i et vadested.*

vagt Grundbedeutung: Wache. Ganz unmilitärisch taucht *vagt* in vielen Zusammenhängen auf: *gårdvagt* Pausenaufsicht (in der Schule), *lægevagt* Nacht- und Sonntagsdienst von Ärzten. → *en vagthavende;* → *et vagtskema.*

en vagthavende diensttuend, z. B. *vagthavende læge* der diensttuende Arzt; Nachtdienst *nattevagt.* → *vagt;* → *et vagtskema.*

et vagtskema Dienstplan für den Notdienst, für Bereitschaften, für Pausenaufsichten usw. → *vagt;* → *en vagthavende.*

at vakle schwanken, mit der Entscheidung zögern; aber: eine wackelnde Schraube *sidder løs;* → *at vanke.*

en vandhund ist jemand, der im Sommer gar nicht mehr aus dem Wasser herauszukriegen ist: eine richtige Wasserratte.

en vandmand eine Qualle. → *en brandmand.*

vandpolo Wasserball (Sportart); ein Wasserball (für Kinder): *en vandbold.*

at vanke drückt eine Erwartung aus: *Nu vanker der en god kop kaffe. – Nu vanker der en bøde.* Dafür wird es jetzt wohl eine Geldstrafe geben. Das deutsche „wanken", „schwanken" ist *at svaje;* → *at vakle.*

varm 1. warm; 2. heiß. *Hun har brændt sig på det varme komfur.* Sie hat sich am heißen Herd verbrannt. → *hed;* → *varmestue;* → *kartoffel.*

en varmestue eigentlich ein Raum *(stue)* zum Aufwärmen; benutzt als ironische und oft abfällige Bezeichnung für einen Raum, in dem sich gesellschaftliche Randgruppen aufhalten, um sich die Zeit zu vertreiben (z. B. der Vorraum eines Supermarktes, eine Bahnhofshalle oder ein Stehcafé).

at vaske: Jeg vasker mine hænder. Hier wird im Dänischen ein Teil des Bibelzitats weggelassen, sodass man es als Deutscher leicht missverstehen kann. Die Übersetzung lautet: Ich wasche meine Hände in Unschuld. → *en hånd.*

vejr *vejret* ist das Wetter, *i vejret* heißt dagegen: nach oben. *Hun rakte hånden i vejret.* Sie streckte die Hand nach oben. Eine der zahlreichen weiteren Bedeutungsvarianten: *at bede om godt vejr* sich entschuldigen, Reue zeigen, zu Kreuze kriechen.

at veksle — *Du veksler Euro til danske kroner; en ordveksling* ein Wortwechsel, *en vekselvirkning* eine Wechselwirkung, *en udvekslingsstuderende* ein Austauschstudent usw. Aber: In vielen Zusammenhängen wird wechseln mit *at skifte* und nicht mit *at veksle* übersetzt, insbesondere wenn es um austauschen, umschalten und ersetzen geht: *at skifte tog* umsteigen (Zug), *at skifte ble* Windeln wechseln, *at skifte tv-programmet* ein anderes Fernseh-Programm einschalten, *at skifte gear* schalten (Auto), *at skifte mening* seine Meinung ändern usw.

velgørenhed — Wohltätigkeit, Charity (Basar, Spenden). Eine Wohltat für die Seele: *en lise for sjælen.* → *en godtgørelse.*

venligst — → *tak – værsgo*

Venstre — eine liberal-konservative Partei, die gewiss nicht „links" ist. *Venstre* ist ein historischer Begriff, abgeleitet aus der Sitzordnung im dänischen Parlament vor ca. 150 Jahren. Richtige Linke bezeichnet man als *vestreorienteret.* → *radikal.*

verdensberømt — weltberühmt, in Dänmark allerdings oft mit dem ironischen Zusatz *i Danmark: Kim Larsen er verdensberømt i Danmark.* (Der populäre Rockmusiker) Kim Larsen ist „weltberühmt", aber nur in Dänemark, denn außerhalb des Landes ist er nahezu unbekannt.

et vers — oft im Sinne von Strophe zu verstehen: *Hvor mange vers synger vi?* Wie viele Strophen sollen wir singen?

en vicevært — ein Hausmeister, der für ein Gebäude verantwortlich ist. → *en vært.*

vigepligt

ist im Straßenverkehr die Pflicht, die Vorfahrt zu beachten, also „zurückzuweichen". Die Situation an einer Kreuzung wird in Deutschland und in Dänemark aus unterschiedlichen Perspektiven heraus betrachtet: *Hvem har vigepligt?* = Wer muss hier anhalten und die Vorfahrt beachten? In Deutschland: Wer hat hier Vorfahrt? → *hajtænder*.

en vikar

jemand, der für eine begrenzte Zeit eine Vertretung übernimmt, z. B. für einen Lehrer, für eine Verwaltungsangestellte, für einen Hausmeister oder auch für einen Pastor; oft erfolgt die Vermittlung durch *et vikarbureau*. Den deutschen Vikar im Dienst der Kirche gibt es genauso wenig wie den Referendar bei Studienräten oder Juristen.

vild: at fare vild

sich verirren; *en vildfarelse* ein Missverständnis, ein Irrtum, ein Fehler. Übrigens wird das Adverb des Adjektivs *vild* umgangssprachlich vor allem von jungen Leuten als emphatische Steigerung benutzt: *Filmen var helt vildt spændende!* Der Film war einfach wahnsinnig spannend!

vilkår; vilkårlig

vilkår sind die Bedingungen, z. B. die Bedingungen, unter denen man lebt; *vilkårlig* ist willkürlich, und Willkür ist *vilkårlighed* oder *despotisme*.

en villa

ein Einfamilienhaus, das vielleicht etwas größer als ein *parcelhus* ist. Eine dänische *villa* ist also bescheidener als ihr deutsches Pendant. *Et villakvarter* ist demnach ein eher durchschnittliches, bürgerliches Einfamilienhausviertel und kein eigentliches Villenviertel.

en vippe

1. eine Wippe; 2. ein Sprungbrett am Schwimmbecken; *noget er / står på vippen* etwas steht auf der Kippe; ein Sprungbrett für die Karriere ist *et springbræt*.

at virke

1. funktionieren: *Maskinen / Telefonen virker ikke.* Die Maschine / Das Telefon funktioniert nicht.

2. wirken: *Han virker lidt forvirret.* Er wirkt leicht verwirrt. *Sovemidlet virker ikke.* Die Schlaftabletten wirken nicht. 3. eine Tätigkeit ausüben: *Hun har virket som formand i mange år.* Sie hat viele Jahre den Posten der Vorsitzenden bekleidet. → *at fungere;* → *en virksomhed;* → *et virke.*

et virke — eine Tätigkeit, z. B. im Vereinsvorstand. → *at virke.*

virksom — aktiv, fleißig; wirksam ist *effektiv.*

en virksomhed — 1. ein Betrieb, ein Unternehmen: *Virksomheden producerer bildæk.* 2. eine Tätigkeit: *Hans virksomhed består i at forhandle med bankerne.* Seine Tätigkeit besteht darin, mit den Banken zu verhandeln. Wirksamkeit im Sinne von Wirkung: *effekt.* → *virksom;* → *at virke;* → *et virke.*

en visitation — 1. *en kropsvisitation* eine Leibesvisitation; 2. eine ärztliche oder sonst fachkundige Untersuchung. In Kopenhagen und an einigen anderen Orten gibt es befristete offizielle *visitationszoner* (= Gefahrengebiete), wo die Polizei besondere Rechte hat bei der Fahndung nach Waffen und Drogen. → en *visit;* → *visitere;* → *fransk visit.*

en visitats — offizieller Kontrollbesuch, z. B. des Bischofs in einer Kirchengemeinde. → *en visitation;* → *en visit.*

at visitere — das Kontrollieren / Untersuchen am Flughafen, an der Grenze, usw. → *visit;* → *visitation;* → *fransk visit.*

et viskelæder — ist nicht zum Fensterputzen geeignet, denn es ist nur ein Radiergummi.

et viskestykke — ein Geschirrhandtuch; ein Feudel ist dagegen *en gulvklud.*

vold — 1. Gewalt; 2. Befestigung, Wall; 3. Wallanlage. → *voldelig;* → *voldsom.*

voldelig gewalttätig. → *vold;* → *voldsom.*

voldgift hat überhaupt nix mit → *vold* oder gar → *gift* zu tun; es bedeutet *jur.* ein Schiedsverfahren, eine Schlichtung.

voldsom heftig: *voldsomme protester.* → *vold;* → *voldelig.*

en vognstang Die Dänen geben *et vink med en vognstang* (also mit einer Wagendeichsel), wo die Deutschen sich mit dem Zaunpfahl *(en hegnspæl)* begnügen.

en vovse so werden in Dänemark viele Wauwaus genannt. → *mis;* → *firben.*

værdikamp eigentlich ein Wertekampf, also der Streit um die Deutungshoheit über die Werte, die die *sammenhængskraft* der dänischen Gesellschaft ausmachen.

værsgo → *tak.*

en vært ein Wirt, aber auch ein privater Gastgeber, zum Beispiel in einem familiären Rahmen oder als gastgebender Verein bei sportlichen Ereignissen; *værtsland* das gastgebende Land. → *studievært;* → *vicevært.*

et våben 1. eine Waffe; 2. ein Wappen. → *byvåben;* → *våbenhus.*

våbenhus keine Waffenkammer, sondern der Vorraum vieler kleinerer Kirchen in DK, wo im Mittelalter die Waffen abgelegt werden mussten. → *våben;* → *byvåben.*

wienerbrød Kuchen: Kopenhagener.

wire (engl.) dänische Bezeichnung für Draht. → *tråd.*

æblekage kann Apfelkuchen sein. Meist meint man aber damit eine Art Apfelkompott *med fløde og drys*, für Schlankheitskuren ungeeignet – *ingen slankekur.*

æbleskiver eigentlich Apfelscheiben, es ist aber eine in besonderen Pfannen gebackene Nationalleckerei in der Vorweihnachtszeit, in Norddeutschland oft Pförtchen genannt. Übrigens enthalten die *æbleskiver* meist keine Apfelstücke, sondern werden in Puderzucker oder Marmelade getaucht.

at æde (Tiere) fressen; jemand, der frisst, ist *en ædedolk*. Normal essen ist *at spise*, und *en ædedolk* gehört jedenfalls nicht zum Besteck.

ældrecheck keine Gesundheitsuntersuchung für Senioren, sondern eine finanzielle Zuwendung an diejenigen älteren Personen, die nur über die staatliche Grundrente *(→ folkepension)* verfügen. → *børnecheck.*

Ældresagen große und schlagkräftige Interessenvertretung der älteren Mitbürger. Deutsche Seniorenbeiräte sehen dagegen echt alt aus. → *en sag.*

en øgle von der Aussprache her müsste es eine Eule sein, aber weit gefehlt: Es ist ein Saurier. Eine Eule wäre *en ugle*.

økonoma die (gewiss sparsam arbeitende) Hauswirtschaftsleiterin einer Institution (Krankenhaus, Ganztagsschule usw.). → *økonomi;* → *økonomisk.*

økonomi neben der internationalen Bedeutung auch die privaten wirtschaftlich-finanziellen Verhältnisse einer Person. → *økonoma;* → *økonomisk.*

økonomisk neben ökonomisch auch die Bedeutung sparsam; sparen heißt *at spare* und in bestimmten Zusammenhängen *at økonomisere.* → *økonomi;* → *økonoma.*

øl

Bier. Öl ist *olie*. Mit *øl* gibt es auch Redewendungen wie *Jeg følger bare med som det tynde øl.* Wörtlich: Ich bin nur mit dabei als das dünne Bier. Gemeint ist: Ich bin nur Begleitung, ich bin hier absolut nicht die Hauptperson. → *en bajer.*

en ørehænger

Man vermutet dahinter eine Art Ohrenschmuck. Stattdessen ist es ein populärer Schlager oder generell eine bekannte Melodie, die alle kennen und mitsummen könnten, die also „im Ohr hängt". Ohrringe sind *øreringe*. → *øreclips;* → *en landeplage.*

øremærket

ein Begriff aus der Tierhaltung in der Landwirtschaft: mit einer Ohrenmarke versehen; *øremærket* bedeutet ansonsten ganz prosaisch: zweckgebunden. *Pengene er øremærket til miljøfremmende foranstaltninger.* Das Geld ist zweckgebunden für den Umweltschutz einzusetzen.

en ørkenvandring

eine solche Wüstenwanderung bietet wohl kein Reiseveranstalter an; *en ørkenvandring* ist eine Durststrecke im übertragenen Sinne, wo man über lange Zeit eine mühselige, vielleicht sogar aussichtslose Sache verfolgt.

et årsværk

eigentlich: das Werk eines Jahres. Es ist aber keine so konkrete Hervorbringung, dass man es bewundern kann; *et årsværk* ist die Gesamtzahl der Arbeitsstunden, die man als Arbeitnehmer im Laufe eines Jahres seinem Arbeitgeber schuldet. Das sind um die 1660 Stunden.

1800-tallet

Man sollte meinen: das 18. Jahrhundert, es ist aber das 19. Jahrhundert, das auf Dänisch auch *det nittende århundrede* heißen kann. *1900-tallet* ist demnach das 20. Jahrhundert.

Englisch

Ein Blick in die Fernsehprogramme zeigt, wie stark Dänemark sprachlich-kulturell auf England und die USA ausgerichtet ist. Viele englische Ausdrücke haben Eingang in die dänische Sprache gefunden, sodass einige Dänen sogar besorgt von *danglish* (*dansk* + *english*) sprechen.
Überraschenderweise hat die dänische Sprache dennoch diverse Ausdrücke danisiert, die das Deutsche in ihrer englischen Originalform übernommen hat. Vorbild war vielleicht Frankreich, wo der Computer zum *ordinateur* und online zu *en ligne* wurde.
Manchmal ergeben sich bei diesen Übernahmen Missverständnisse: So ist der englische *oldtimer* „einer von der alten Garde", ein Veteran, also eine Person. Der deutsche Oldtimer (Auto) wäre im Englischen *a classic car*, usw.

englisch	***dänisch***	***deutsch***
to boot	*at indlæse*	booten
burnout	*udbrændt(hed)*	Burnout(-Syndrom)
classic car	*veteranbil*	Oldtimer
to come out	at springe ud	sich outen
comic	*en tegneserie*	Comic
count-down	*nedtælling*	Countdown
desktop	*skrivebord*	Desktop
to download	*1. at downlåne* *2. at downloade*	1. das e-Angebot einer Bibliothek wahrnehmen; 2. downloaden, herunterladen.
e-reader	*en e-bogslæser*	E-Reader
follower	*følgere (på facebook)*	Follower
fracking	*skifergas(udvinding)*	Fracking
hearing	*en høring*	Hearing; Anhörung
high	*høj* (berauscht)	high
homepage	*hjemmeside*	Homepage
jeans	*cowboy-bukser, jeans*	Jeans
laptop	*bærbar (computer)*	Laptop
lifestyle	*livsstil*	Lifestyle
manager	*leder*	Manager
nerd	*nørd*	Nerd
newsletter	*nyhedsbrev*	Newsletter
nordic walking	*stavgang*	Nordic Walking

open air	*friluftskoncert, friluftsgudstjeneste*	Open Air Konzert, Gottesdienst unter freiem Himmel
outlet	*lagersalg*	Outlet
prepaid card	*taletidskort*	Prepaidcard
Puzzle	*puslespil*	Puzzle(spiel)
recycling	*genbrugsstation*	Recycling, Recyclinghof
second hand	*genbrug*	Secondhandladen
slash	*skråstreg*	Slash
standing ovations	*stående bifald*	Standing Ovations
star; z. B. pop star, film star	*stjerne; z. B. popstjerne, filmstjerne, stjerneadvokat*	Star, z. B. Popstar, Filmstar Staranwalt
thinktank	*en tænketank*	ein Thinktank, eine Denkfabrik
toaster	*brødrister*	Toaster
UN, UNO	*FN (De Forenede Nationer)*	UN, UNO
update	*en opdatering*	ein Update
warlords	*krigsherrer*	Warlords
Weight Watchers	*vægtkonsulenter*	Weight Watchers

Französisch

Mit französischen Zitaten in dänischen Medien ist das so eine Sache. Sie sind oft nicht fehlerfrei, wenn man eine etymologische Betrachtungsweise anlegt, so z. B. mit der Endung *-ée*. Das führt dazu, dass das etymologisch Korrekte inzwischen als Fehler gilt: Die französische *idée* wird im Dänischen zu *idé* oder gar *ide* – und zwar so und nicht anders.
Neben der dänischen Anpassung gibt es erstaunlich viele Übernahmen aus dem Französischen, die in der deutschen Sprache weitgehend unbekannt oder ungebräuchlich sind. Dabei wird gelegentlich die ursprüngliche Bedeutung ganz oder teilweise verändert, z. B. bei *journal, fromage, conduite, fadaise, propriétaire, parleur* oder *cadeau*. Einen Sonderfall stellt der *translatør* dar. Die Angaben sind ohne Anspruch auf Vollständigkeit.

französisch	***dänisch***	***deutsch***
à jour	*ajour*	auf dem neuesten Stand, aktuell
à propos	*apropos*	*apropos* oder eine pas-

		sende Handlung / Bemerkung: *Den bemærkning kom meget apropos.*
accélérer	*at accelerere*	beschleunigen
allée	*allé, alle*	Allee
avance	*avance*	Gewinnspanne
bagage	*bagage*	Gepäck
billet	*billet*	Eintrittskarte, Fahrkarte
bouquet	*buket*	Strauß
broder	*at brodere*	sticken
cadeau	*cadeau*	eine freundliche, entgegenkommende Handlung; Schulterklopfen, Lob
camoufler	*camouflere*	verdecken, tarnen
	camouflage	Tarnung
	camouflagedragt	Tarnanzug
caresser	*karessere*	liebevoll berühren, liebkosen
causerie	*et causeri*	eine Plauderei
clairvoyant	*clairvoyant*	hellseherisch
complet	*(morgen)complet*	Frühstück mit verschiedenen Brotsorten
conduite	*konduite*	richtiges und schnelles Handeln; *ältere Bedeutung:* seriöses Auftreten
confirmer	*konfirmere*	konfirmieren; bestätigen
cortège	*kortege;*	z. B. Trauerzug, Geleit;
	kortegekørsel	Autoschlange
un coup	*et kup*	ein Schnäppchen; ein Putsch; *kupmager* Putschist
coutume	*kutyme*	Brauch, Sitte und allgemein das, was üblich ist
couveuse	*kuvøse*	Brutkasten (für Neugeborene)
crémer	*at kremere*	einäschern
découper	*dekupere*	mit Schere, Laubsäge und Leim arbeiten, z. B. Holzornamente und -figuren

		für Intarsien herstellen
déroute	*deroute*	Zusammenbruch (z. B. in der Wirtschaft), Niedergang
distrait, distraite	*distræt*	unaufmerksam, abgelenkt, zerstreut
donner	*at donere*	spenden, stiften
élastique	*elastik*	Gummiband
élève	*elev*	Schüler, Schülerin
emballage	*emballage*	Verpackung
entrée	*entré, entre*	Eingang, Flur; Eintrittsgeld
entrepreneur	*entreprenør*	Tiefbauunternehmer
estimé	*(højt) estimeret*	geschätzt und angesehen
estimer	*at estimere*	achten, schätzen (auch Mengen)
facilités	*faciliteter*	(sanitäre) Einrichtungen u. a.
fadaise	*fadæse*	(peinliche) Dummheit
faillite	*fallit*	Konkurs, Pleite, Bankrott;
	falliterklæring	Bankrotterklärung,
	at spille fallit	fehlschlagen, völlig missglücken
fait accompli	*fait accompli*	vollendete Tatsache(n)
fameux, fameuse	*famøs*	berühmt (oft eher im Sinne von berüchtigt)
faveur, favorable	*favør, favorabel*	Gunst, günstig;
	i hans favør	zu seinen Gunsten;
	favorable priser	vorteilhafte Preise
flamboyant	*flamboyant*	prächtig
force	*force*	die starke Seite, die
	en force	besondere Fähigkeit eines Menschen
force majeure	*force majeure*	höhere Gewalt
fromage (Käse)	*fromage*	süßer Nachtisch, Schaumspeise
généreux, généreuse	*generøs*	großzügig
grand danois	*granddanois*	(meist schwarz-weiß) gescheckte Dogge
harceler	*harcelere*	sich lustig machen;

		sich beschweren, etwas geißeln
hasard; hasardé, hasardeux	*at spille hasard; hasarderet*	extrem waghalsig sein; übermütig, riskant
honneur	*honnør*	militärischer Gruß
intimider	*at intimidere*	einschüchtern, Angst einflößen
inviter, invitation	*at invitere, en invitation*	einladen, Einladung
jaloux	*jaloux*	eifersüchtig
journal	*journal*	Akte (z. B. Krankenakte im Krankenhaus)
lingerie	*lingeri*	Damenunterwäsche
lit de parade	*lit de parade*	öffentliche Aufbahrung (z. B. eines verstorbenen Monarchen)
mal placé	*malplaceret*	unangebracht, fehl am Platz
mérite	*merit, meritter*	anrechenbare Vorleistungen (bei einer Ausbildung) oder ironische Bezeichnung für „Verdienste". → *merit*
miraculeux	*mirakuløs*	seltsam, wundersam
molester	*at molestere*	beschädigen, verletzen
neveu	*nevø*	Neffe
nature morte	*nature morte*	Stillleben
odieux, odieuse	*odiøs*	fragwürdig, anrüchig
parapluie	*paraply*	Regenschirm
parleur	*parlør*	kleiner Sprachführer
parole	*(nytårs)parole*	Losung
perron	*perron*	Bahnsteig
pièce	*pjece*	Broschüre, Prospekt
pli	*pli, Hun har pli.*	Sie hat sehr gute Umgangsformen und weiß sich zu benehmen.
propriétaire	*proprietær*	Besitzer eines größeren landwirtschaftlichen Betriebes
queue	*kø*	Schlange (z. B. Autoschlange, Kundenschlange); Billard: Queue

ravage	*ravage, at lave ravage*	verwüsten, großen Schaden anrichten
récréation	*rekreation*	Erholung
recul	*rekyl*	Rückstoß (Gewehr)
repos	*repos*	Podest, Treppenabsatz
réprimande	*reprimande*	Tadel, Verweis
retourner	*returnere*	zurücksenden
retraite	*retræte*	(mil.) Rückzug = *tilbagetog*; im übetragenen Sinn: (beim Argumentieren) zurückrudern;
	retrætepost	der letzte unbedeutende Dienstposten, eine Art berufliches Gnadenbrot
riz à l'amande	*risalamande* (Aussprache: *risallamang)*	Reisbrei mit einer Mandel, besonders zur Weihnachtszeit
séance	*seance*	(ironisch für) Sitzung
signalement	*signalement*	Beschreibung, Charakteristik; Steckbrief
session	*session*	(mil.) Musterung
succès	*succes*	(franz. ausgesprochen) Erfolg
sous-chef	*souschef*	stellvertretender Leiter
la tête	*Han tager teten.*	Er hat die Führung übernommen.
tort	*tort*	Unrecht, ungerechte Behandlung
„translateur"	*translatør*	Einen französischen *translateur* (Übersetzer) gibt es nicht, schon eher einen *interprète* oder *traducteur*. Beim → *translatør* hat wohl die Nähe zum englischen *translator* eine Rolle gespielt.
vigueur	*(i fuld) vigør*	aktiv und bei bester Gesundheit
vue	*vue*	Aussicht, Ausblick

Latein

Im Dänischen werden einige lateinische Ausdrücke verwendet, die im Deutschen weniger oder gar nicht gebräuchlich sind.

Latein	***deutsch***
auktionarius	Auktionator
commissorium, kommissorium	Aufgabenbereich
con amore (ital.)	als Hobby, in der Freizeit, aus Interesse
confessionarius, konfessionarius	Beichtvater und Seelsorger für die Angehörigen des dänischen Königshauses
curriculum vitae, cv	Lebenslauf
distrahere	zerstreuen, ablenken
emeritus	pensioniert, emeritiert: *pastor emeritus, professor emeritus*
factura (faktura)	Rechnung
falsum	Fälschung
festivitas	Festlichkeit, großer festlicher Aufwand
habeas corpus	Haftprüfung
habilis: *habil; inhabil*	geschickt; ungeeignet, befangen
in absentia	(Verurteilung) in Abwesenheit (des Angeklagten)
lokum	Klo
medio	Mitte (eines Monats)
momentum	Antriebskraft, Impuls (in der Wirtschaft)
nepos: *nepotisme*	Vetternwirtschaft
notarius publicus	Notar
otium	der Ruhestand: *Han nyder sit otium.* Er genießt seinen Ruhestand.
primus	kleiner Gaskocher
primus motor	die treibende Kraft, z. B. bei einem Projekt
pondus	Gewicht im Sinne von Bedeutung
pro tempore, p.t.	zur Zeit
remedium	Hilfsmittel
responsum	Gutachten
rigor mortis	Todesstarre
at tage *ad notam*	zur Kenntnis nehmen
transmittere	senden, übertragen (Radio, TV)

Deutsch

Über die niederdeutsche Sprache haben in der Hansezeit (Ende 13.–16. Jahrhundert) zahlreiche Wörter und Ausdrücke Eingang ins Dänische gefunden und werden nicht mehr als Fremdwörter empfunden.
Dies gilt auch für die zweite Welle der sprachlichen Importe aus dem deutschen Sprachraum zu einer Zeit, als Teile der dänischen Oberschicht und das Königshaus noch bis ins 19. Jahrhundert hinein deutschsprachig waren. Bedeutend hierfür war auch die bis 1864 andauernde Zugehörigkeit von Schleswig, Holstein und Lauenburg zum dänischen Gesamtstaat.
Einige deutsche Ausdrücke blieben aber (fast) unverändert Teil der dänischen Sprache. Hier einige Beispiele, bei denen manchmal – wie bei *liebhaver, gelassen* oder *gesjæft* – übersetzerische Vorsicht geboten ist:
Men der er et aber dabei; altmodisch, anmassende, berufsverbot (seit den 1970er Jahren), *de kongelige gemakker; durkdreven, ein gefundenes Fressen, eine grausame Salbe, emsig og geskæftig, feinsmækker, gebrækkelig, at gebærde sig, gejst, gelassen, gelænder, gemyse, gesjæft, habengut, håndgemæng, håndværker, Jeg kender mine pappenhejmere, kaudervælsk, keine Hexerei – nur Behändigkeit, liebhaverbolig* (bei besonders attraktiven und überteuerten Wohnungen*), lied, lækkerbisken, makværk, misk-mask, Ordnung muss sein, polterabend, poltergejst, prygelknabe, salonfæhig, sammensurium, sikke et leben, en sjuft, skadefro, slaraffenland, snik-snak, so oder so, spasmager, svækling, vindbøjtel, von høren-sagen, weltschmerz.*

Vibeke Winge: Pebersvend og poltergejst. Tysk indflydelse på dansk. Gyldendal 2000.
Ken Farø: En Roulade er ikke en roulade. Falske venner i dansk og tysk. Mål & mæle 2007, bd. 3, s. 25–31.

Sydslesvigdansk

Sydslesvigdansk ist die von vielen in der dänischen Minderheit im nördlichen Schleswig-Holstein gesprochene Varietät des Standard- oder Reichsdänischen *(rigsdansk)*. Es trägt die Züge einer Kontaktsprache im Überschneidungsgebiet des Dänischen mit dem Deutschen, zum anderen ist es Resultat der Zweisprachigkeit: Die meisten Angehörigen der dänischen Minderheit in Schleswig-Holstein sprechen auch Hochdeutsch auf Muttersprachenniveau.

Sydslesvigdansk	*Dänisch*	*Hochdeutsch*
kogerecept	*madopskrift*	Kochrezept
Bilen springer ikke an.	*Bilen vil ikke starte.*	Das Auto springt nicht an.
husmester	*pedel, vicevært*	Hausmeister
betræffende	*pågældende*	betreffende
opklæber	*mærkat*	Aufkleber
lære noget udvendig	*lære noget udenad*	etwas auswendig lernen
Blomster går ind.	*Blomster går ud.*	Die Blumen gehen ein.
Vi leger i dynerne.	*Vi leger i klitterne.*	Wir spielen in den Dünen.

Elin Fredsted *in*: Christel Stolz (Hg.): Unsere sprachlichen Nachbarn in Europa, Brockmeyer-Verlag, ISBN 3-8196-0741-2, s. 11 ff.
Hans Christophersen: Det danske Sprog i Sydslesvig, Rostras Forlag, 3. udgave, 1991.
Astrid Carstensen und Karoline Kühl (Universität Flensburg): Divergierender bilingualer Sprachgebrauch bei Jugendlichen, 7. Norddeutsches Linguistisches Kolloquium, Universität Bremen 2006.
Holger Johannsen: *Hold op med at stirre huller i luften*, in: Flensborg Avis, 30.05.2013.

Bei Hans Christophersen finden die dänischen Leser sowie Deutsche mit guten Dänischkenntnissen die folgende unterhaltsame Zusammenstellung von Originalzitaten aus Südschleswig:

sydslesvigdansk

Når børnene leger på skolegården, kan det passere, at nogle føler behov at ærgre de andre.
Så råber Peter på en gang: "Han har taget mig min hue væk!", og Lone siger: "Han har drejet mig armen om!" Nå, hvad er der nu med Günther løs? Han siger, at Reiner har slået ham på hovedet. Som lærer må man sætte sig ind for, at børnene ikke slår sig i pauserne. Hvis det indtræffer, må man sørge for, at de betræffende elever, som har hidset sig op, igen beroliger sig. I sidste år traf man sig i et møde i Flensborg for at besnakke, hvad man kan fange an med sådanne elever, men da jeg ikke vidste om det, kom jeg ikke til mødet.
Nogle elever er meget kede af det, hvis de ikke må lave med, når de andre spiller tik i pausen.
I vinteren, når det er glat, må de løbe forsigtigt, indtil husmesteren får strøet på skolegården.
I pausen skal børnene blive på skolegården, andre steder har de intet at søge, men de må gerne gå ind i biblioteket og bede bibliotekaren søge dem nogle bøger ud. Nogle gange spørger børnene i timen, om de må på WC. Hvis det snart efter skal ringe, siger jeg, de skal vente, for det ringer i 5 minutter.
Ja, man oplever meget som lærer.

(rigs)dansk

Når børnene leger i skolegården, kan det hænde, at nogle føler et behov for at drille de andre.
Så råber Peter pludselig: "Han har taget min hue [fra mig]!", og Lone siger: "Han har drejet armen om på mig!" Nå, hvad er der nu i vejen med Günther? Han siger, at Reiner har slået ham i hovedet. Som lærer må man selvfølgelig gå ind for, at børnene ikke må slå hinanden (/slås) i frikvartererne. Hvis det sker, må man sørge for, at de pågældende elever, som har hidset sig op, atter falder til ro. Sidste år mødtes man til et møde i Flensborg for at snakke om, hvad man kan stille op med sådanne elever, men da jeg ikke vidste noget om det, kom jeg ikke til mødet.
Nogle elever er meget kede af det, hvis de ikke må være med, når de andre leger tagfat i frikvarteret.
Om vinteren, når det er glat, må de løbe forsigtigt, indtil pedellen får gruset i skolegården.
I frikvarteret skal børnene blive i skolegården, andre steder har de ikke noget at gøre, men de må gerne gå ind på biblioteket og bede bibliotekaren vælge nogle bøger ud til dem.
Nogle gange spørger børnene i timen, om de må gå på WC. Hvis det skal ringe lidt efter, siger jeg, de skal vente, for det ringer om 5 minutter.
Ja, man oplever meget som lærer.

Nu er jeg allerede 15 år lærer. Jeg har lavet min lærerprøve i Flensborg, hvor jeg bor siden 40 år. Før den tid har jeg lært bager, men jeg var kun Geselle. Hvis man vil blive mester endnu, må man besøge en fagskole, men jeg syntes ikke, det lønnede sig, og siden er fordringerne til en mester steget temmeligt.
Jeg laver altid med, når der er foranstaltninger i den danske forening, og nogle gange sidder jeg ved aftenkassen, men når det går løs, går jeg i salen.
Vi er selvfølgelig glade, hvis der er mulighed at få et dansk orkester herned.
Har man ikke kørelejlighed til en aftenforsamling, skal man melde sig ved hr. Jensen eller under 04864-591.
Jeg har konto ved Union Bank, jeg har altid haft mine penge på den danske bank. Og selvfølgelig har jeg en dansk opklæber bag på min bil. Jeg er meget undervejs, så i næste år skal jeg få en ny bil. Jeg køber altid bil ved Mercedes, men jeg køber aldrig en brugt, for det er svært at fastsstille, om den har noget.
Vi må have en god bil, når vi forrejser i ferien (vi har et grundstykke i Danmark).
Nå, men egentlig har jeg ikke tid at stå og underholde mig med dig, for jeg skal til byen endnu og besørge forskellige ting. Min kone bad mig også besørge hende noget papir, muligst meget. "Hvad har du alt med?" sagde hun i går, da jeg kom

Nu har jeg allerede været lærer i 15 år. Jeg har bestået lærereksamen i Flensborg, hvor jeg har boet i 40 år. Før den tid har jeg været i lære som bager, men jeg var kun svend. Hvis man derudover vil være mester, må man gå på teknisk skole, men det syntes jeg ikke kunne betale sig, og siden er kravene til en mester steget temmelig meget.
Jeg er altid med, når der er arrangementer i den danske forening, og nogle gange sælger jeg billetter ved indgangen, men når det begynder, går jeg ind i salen.
Vi er selvfølgelig glade for, hvis der er mulighed for at få et dansk orkester herned.
Har man ikke kørelejlighed til et aftenmøde, kan man henvende sig til hr. Jensen eller på telefon 04864-591.
Jeg har konto hos Union Bank, jeg har altid haft mine penge i den danske bank. Og selvfølgelig har jeg en dansk mærkat bag på min bil. Jeg kører meget, så til næste år skal jeg have en ny bil. Jeg køber altid bil hos Mercedes, men jeg køber aldrig en brugt, for det er svært at konstatere, om der er noget i vejen med den.
Vi må have en god bil, til når vi rejser bort i ferien (vi har en grund i Danmark).
Nå, men egentlig har jeg ikke tid til at stå og sludre med dig, for jeg skal også i byen og ordne forskellige ting. Min kone bad mig også skaffe noget papir til hende, så meget som muligt. "Hvad er det altsammen for noget, du har med?" sagde hun i går, da jeg kom hjem, "har du hu-

hjem, "har du husket papir, eller har du det også i dag ikke med? Så skriv dig det op på en seddel, inden du i morgen kører løs, så har du en bedre chance at huske det, end som at du ikke gør det."
Min kone er for tiden anvist på min hjælp, for hun er syg. Jeg skal også hente de piller endnu, som lægen har forskrevet hende. Bagefter skal jeg koge, så jeg skal se efter i koge-recepten, om vi bruger noget, for så skal jeg huske at købe det, men jeg bruger ikke fortvivle helt, for jeg kan jo trække min kone til råd.

sket papir, eller har du det heller ikke med i dag? Så skriv det op på en seddel, inden du kører af sted i morgen, så har du en bedre chance for at huske det, end hvis du ikke gør det".
Min kone er for tiden afhængig af min hjælp, for hun er syg. Jeg skal også hente de piller, som lægen har skrevet ud til hende. Bagefter skal jeg lave mad, så jeg skal se efter i opskriften, om vi mangler noget, for så skal jeg huske at købe det, men jeg behøver ikke at fortvivle helt, for jeg kan jo spørge min kone til råds.

Maritimes

Dänemark ist ein amphibisches Land mit 77 bewohnten Inseln – und fast jede Stadt hat einen Hafen. Historisch erstreckte sich Dänemark über Territorien im Atlantik und im Ostseeraum, von denen *Grønland* und *Færøerne* noch heute zur dänischen *rigsfællesskab* gehören. Trotz vieler Brücken gibt es nach wie vor zahlreiche Fähren, die die vielen Inseln anlaufen. Dies hat die dänische Sprache geprägt, wenn wir nur an Seefahrtsausdrücke wie *farvel* oder → *tovholder* denken.

at sejle	*at sejle* bezeichnet jede Art der Fortbewegung auf dem Wasser – Segelboot, Fähre, Ruderboot, Kriegsschiff, Tanker, Kanu usw.
at havne (von *havn* Hafen)	*Bilen havnede i grøften.* Das Auto landete im Straßengraben. *Han er havnet i en særdeles vanskelig situation.* Er befindet sich jetzt in einer äußerst prekären Lage.
at sejle sin egen sø	*Lad ham dog sejle sin egen sø.* Lass ihn das doch machen, wie er will, misch dich da nicht ein.
at få vind i sejlene	Aufwind / Auftrieb bekommen
et fartøj	ein Schiff (Fischerei, Marine)
at komme på ret køl (Kiel) *igen*	(nach einer Krise, Schwierigkeit oder Krankheit) wieder auf die Beine kommen

under opsejling	*Der er noget under opsejling.* Da ist etwas im Anzug / im Anmarsch.
at søsætte	etwas in Gang setzen: *Projektet blev søsat i lørdags.* Das Projekt wurde am vergangenen Samstag gestartet.
på bedding	*at have noget på bedding:* etwas in der Planung (oder: in der „Mache") haben
at holde dampen oppe	weiter Druck machen, weiter powern
for fuld skrue	mit aller Kraft
at holde skruen i vandet	*En af de ting, der holder skruen i vandet for folk, er deres fælles interesseområder.* Eine Sache, die die Leute immer wieder motiviert weiterzumachen, sind ihre gemeinsamen Freizeitinteressen.
at gå ned med flaget	untergehen
en ankermand	Hauptperson und Hauptstütze, z. B. bei einem Projekt.
skuden	*at vende skuden* einer Sache eine neue Richtung geben: *Nu er det for sent at vende skuden.*
at dele vandene	geteilter Meinung sein: *Dette spørgsmål deler vandene.* Hier scheiden sich die Geister.
kølvand	*i kølvandet på* im Kielwasser von, im Verlauf und als Kosequenz aus einer Situation.
slipstrøm	im Wesentlichen die gleiche Bedeutung wie *kølvand (s.o)*
sejl	Segel. *Alle sejl sættes til.* Jetzt geht's richtig los: nicht kleckern, sondern klotzen.
en dødssejler	ein Projekt, das nichts werden kann und von vornherein zum Scheitern verurteilt ist.
dødvande	... *ligger i dødvande:* Es tut sich nichts, keine Besserung in Sicht (z. B. in der Wirtschaft).
at kuldsejle	scheitern.

Tiere im Deutschen und Dänischen

Die bildliche, metaphorische Verwendung von Tiernamen ist manchmal, aber eben längst nicht immer, gleich in beiden Sprachen. Gelegentlich ist Vorsicht geboten! Hier einige Beispiele:

en gammel rotte	ein alter Hase
en bogorm	ein Bücherwurm
en vandhund	eine Wasserratte
en læsehest	eine Leseratte
røde hunde	Röteln
en landkrabbe	eine Landratte
med / på apostlenes heste	auf Schusters Rappen
ulvetimen	eigentlich die „Stunde der Wölfe“: die Zeit um 17–18 Uhr herum, wo alle müde und gehetzt nach Hause kommen und (meist) die Mutter auch noch eine warme Mahlzeit auf den Tisch bringen soll. Ergebnis: eine gereizte Stimmung
at skyde papegøjen	den Vogel abschießen
klap lige hesten	nur keine übereilten Entscheidungen, überleg dir das alles noch einmal in Ruhe
en laber larve, en lækker sild	ein kesser Käfer, eine flotte Biene, eine attraktive junge Frau
et flueben	ein „Fliegenbein“: ein Häkchen (zum Abhaken auf einer Liste)
at sluge kameler	eine Kröte schlucken
hverken fugl eller fisk	weder Fisch noch Fleisch

Im militärischen Bereich ist *en ørkenrotte* übrigens ein Wüstenfuchs, d. h. ein Soldat in sandfarbener Tarnkleidung.

Morten Zierau: Vendinger med dyr – Vendinger, talemåder og ord med overført betydning. 2010.

Redewendungen und Sprichwörter

Es gibt sie häufig in (fast) gleicher Form in beiden Sprachen:
Der faldt en sten fra mit hjerte. Da ist mir ein Stein vom Herzen gefallen.
Troen kan flytte bjerge. Der Glaube kann Berge versetzen.
Han har flere jern i ilden. Er hat mehrere / noch weitere Eisen im Feuer.
Andere Sprichwörter und Redewendungen arbeiten jedoch mit einer recht unterschiedlichen Bildsprache. Hier eine kleine Auswahl:

at have is i maven	einen kühlen Kopf bewahren
at krydse fingre	die Daumen drücken
at love guld og grønne skove	goldene Berge versprechen
at stemme dørklokker	Klinken putzen
som en dråbe i havet	nur ein Tropfen auf den heißen Stein
at vove liv og lemmer	Kopf und Kragen riskieren
fra top til tå	von Kopf bis Fuß
at brede sig som ringe i vandet	breite Kreise ziehen
at tage bestik af situationen	die Lage peilen
mange bække små	Kleinvieh macht auch Mist.
Tomme tønder buldrer mest.	Hunde, die bellen, beißen nicht.
Slå ikke større brød op, end du kan bage.	Du solltest den Mund nicht zu voll nehmen.
at vaske sine hænder	seine Hände in Unschuld waschen
et stift stykke	ein dicker Hund
at gå nogen på klingen	jemandem auf den Zahn fühlen
fra asken i ilden	vom Regen in die Traufe
at tage skeen i den anden hånd	andere Saiten aufziehen
en by i Rusland	böhmische Dörfer
at lægge hovedet på blokken	seine Hand für etwas ins Feuer legen
fra Herodes til Pilatus	von Pontius zu Pilatus
at tale med store bogstaver	jemandem die Leviten lesen
i en tynd tråd	am seidenen Faden
en varm kartoffel	ein heißes Eisen
at spinde guld på noget	sich an / mit etwas eine goldene Nase verdienen
at stikke en kæp i hjulet	jemandem Steine in den Weg legen
at trække på samme hammel	an einem Strang ziehen
at løbe om hjørner med nogen	jemanden an der Nase herumführen, jemanden über den Tisch ziehen, *aber auf keinen Fall:* jemanden um die Ecke bringen!

Karl-Erich Brink: Hals- und Beinbruch. Og 2017 andre tyske udtryk og talemåder. Høst & Søns Forlag, 1993. (Zu allen 2017 deutschen Ausdrücken gibt es hier eine dänische Entsprechung/Übersetzung.)

Pendulord

Pendulord („Pendelwörter") sind Wörter und Ausdrücke, die je nach Alter, Bildungsniveau oder regionaler Herkunft unterschiedlich, z. T. sogar diametral unterschiedlich aufgefasst werden. Klassisches Beispiel ist → *en bjørnetjeneste*.

	frühere alleinige Bedeutung	***erweiterte heutige Bedeutung***
rimelig	vernünftig, angemessen	ziemlich: *Jeg er rimelig træt.* Ich bin ganz schön müde.
at forfordele	jemanden begünstigen, favorisieren	jemanden betrügen, übers Ohr hauen
patetisk	pathetisch, feierlich	bedauernswert: *Hun var en temmelig patetisk skikkelse.* Sie war eine ziemlich bedauernswerte Erscheinung.
godt og vel	etwas weniger	etwas mehr
i en menneskealder	in der Lebenszeit eines Menschen,	in einer Generation, ca. 30 Jahre / ca. 70 Jahre
tosproget	zweisprachig	häufige Bezeichnung für Kinder von nicht-europäischen Einwanderern

Grundtvig

Nikolaj Frederik Severin Grundtvig (1783–1872), Dichter, Bischof, Historiker, nationaler Vordenker, gilt als Ikone des dänischen Nationalgefühls. Seine Anhänger und Verehrer bemühen sich nach wie vor darum, bestimmte Ausdrücke und Begriffe zu meiden und andere emotional aufzuladen, wobei die Begriffe auf *grundtvigiansk* und *dansk* inhaltlich nicht immer völlig deckungsgleich sein müssen:

grundtvigiansk	***dansk***
Norden	Skandinavien
folkestyre	demokrati
slægtled	generation
mellemfolkelig	international
oplysning	information
samvirke	kooperation, samarbejde
en Brugs, Brugsen	supermarked

Hans Mickelsen *(Pseudonym)* hat vor Jahren hierzu ein kleines ironisches Wörterbuch herausgegeben:

Hans Mickelsen: Dansk – Nugrundtvigiansk, Nugrundtvigiansk – Dansk. Ordbog for folkeoplysere. 1985.
Hier findet man eine „dänische" Übersetzung für grundtvigianische Zentralbegriffe wie *højskole, efterskole, friskole, folkelig, folkelighed, folkeoplysning, historiesyn, livssyn, frihedssyn, udsyn, Dannevang, andelsbevægelse, brugsforening, forsamlingshus, fortælling, det levende ord, livsoplysning, at oplive, den levende vekselvirkning, morgensamling* u. v. a.
Manchmal kann sogar die Schreibweise *Kristian, Kristensen* oder *Kristiansen* – statt *Christian, Christensen* oder *Christiansen* – etwas mit dem Grundtvigianismus zu tun haben.

Inhaltsverzeichnis